Werteorientierte Personalarbeit

Strategie und Umsetzung
in einem neuen Automobilwerk

von

Dipl.-Kfm. Gerhard Bihl
BMW AG, München

mit einer Einführung von
Prof. Dr. Lutz von Rosenstiel

C.H. Beck'sche Verlagsbuchhandlung
München 1995

Die Deutsche Bibliothek – CIP-Einheitsaufnahme

Bihl, Gerhard:
Werteorientierte Personalarbeit : Strategie und Umsetzung in einem neuen Automobilwerk / von Gerhard Bihl. Mit einer Einf. von Lutz von Rosenstiel. – München : Beck, 1995
(Innovatives Personalmanagement Bd. 4)
ISBN 3 406 39081 1
NE: GT

ISBN 3 406 39081 1

© C.H. Beck'sche Verlagsbuchhandlung
(Oskar Beck), München
Satz: Herbert Kloos, München
Druck: Druckerei Wagner GmbH, Nördlingen
Gedruckt auf säurefreiem Papier;
hergestellt aus chlorfrei gebleichtem Zellstoff

Innovatives Personalmanagement

Herausgegeben von
Dr. Lutz von Rosenstiel
Professor an der Universität München

Band 4

*Den Gipfel im Auge,
wandeln wir gerne auf der Ebene.*

Johann Wolfgang von Goethe

Vorwort

Das sich immer rascher wandelnde Unternehmensumfeld aus Wirtschaft, Staat und Gesellschaft sowie insbesondere die internationale Wettbewerbssituation erfordern ein zunehmendes Maß an Anpassungsfähigkeit, Flexibilität und Engagement von Mitarbeitern und Führungskräften.

Das Personalwesen hat hierfür die Voraussetzungen und Rahmenbedingungen zu gestalten und die Übernahme von persönlicher Initiative und Verantwortung zu fördern. Es hat gemeinsam mit den Führungskräften ein Klima permanenter Veränderungsbereitschaft zu schaffen und stellt sich damit selbst an die Spitze des Veränderungsprozesses.

Das Anliegen dieses Buches ist zu zeigen, daß Mitarbeiterorientierung und Wirtschaftlichkeit keine Gegensätze sein müssen. Dabei kam es mir besonders darauf an, die durch eine strategisch ausgerichtete Gestaltung der Personalarbeit erzielbaren positiven Beiträge zum Unternehmensergebnis herauszuarbeiten und dadurch das Personalwesen aus der „sozialromantischen Ecke" herauszuholen.

Die konkrete Beschreibung der praktischen Umsetzung der werteorientierten Personalpolitik in diesem Buch zeigt vielfältige Ansätze auf, eine Verbesserung der Situation für Mitarbeiter und Unternehmen gleichermaßen zu erreichen.

Dabei ist zu betonen: Die ersten erkennbaren Erfolge der werteorientierten Personalpolitik wären nicht möglich gewesen, wenn die neuen personalpolitischen Systeme und Konzepte nicht mit dem entsprechenden Engagement im Sinne der gemeinsamen Zielsetzung in der praktischen Arbeit umgesetzt worden wären.

Diese praktische Umsetzung erreicht zu haben, dafür gebührt an dieser Stelle Dank und Anerkennung nicht nur meinen Mitarbeitern und Kollegen innerhalb und außerhalb des BMW-Werkes Regensburg, sondern insbesondere der Führungsmannschaft dieses Werkes, die sich unermüdlich, konsequent und mit großer Begeisterung für die gemeinsame Aufgabe eingesetzt hat.

Mein Dank gilt auch Prof. v. Rosenstiel, der die Bedeutung des Themas frühzeitig erkannt und mit kritischen Fragen und Anregungen die Relevanz der Konzeption für Wissenschaft und Praxis erhöht hat.

Mein besonderer Dank gilt meiner Familie, die mir die Kraft und Motivation gab, neben einer Vielzahl von beruflichen und privaten Herausforderungen auch noch die Herausforderung dieses Buches anzunehmen.

Regensburg, im Januar 1995 Gerhard Bihl

Inhaltsverzeichnis

A. Einführung

1.	Unternehmen und Gesellschaft	1
2.	Aspekte des aktuellen Wandels	2
2.1	Komplexitätssteigerung der Aufgaben	4
2.2	Akademisierung des Nachwuchses	6
3.	Wandel der Werteorientierungen	7
3.1	Begriffliche Klärung	8
3.2	Indikatoren des Wandels	9
3.3	Richtung des Wandels	10
3.4	Modelle des Wandels	15
3.5	Historische Einordnung	17
3.6	Soziodemographische Differenzierung	17
3.7	Ursachen des Wandels	19
3.8	Wertung des Wandels	21
3.9	Folgen und Konsequenzen für die Entwicklung von Arbeit	22
4.	Konsequenzen für die Personalarbeit	28
5.	Personalentwicklung	31
5.1	Selbstbestimmung	32
5.2	Individualität und Entfaltung	32
5.3	Kreativität	33
5.4	Emotionalität	33
5.5	Kommunikation	33
5.6	Sinngebung	34
5.7	Gleichgewichtsethik	34
6.	Strukturentwicklung	35

B. Strategie und Umsetzung der werteorientierten Personalpolitik

1.	Die Vision einer langfristigen personalpolitischen Strategie	37
2.	Die Entwicklung einer werteorientierten Personalpolitik	38
2.1	Ziele der Personalarbeit	38
2.2	Grundgedanken einer werteorientierten Personalpolitik	40
2.3	Werte und Wertewandel	41
2.4	Das für die Personalpolitik relevante Wertespektrum	45
2.5	Ableitung der zukünftigen personalpolitischen Strategie	47
3.	Die praktische Umsetzung in der Personalarbeit	51
3.1	Wert „Information und Kommunikation"	51
3.1.1	Mitarbeiterinformation	52
3.1.2	Video-Information	53
3.1.3	Einführung und Einarbeitung neuer Mitarbeiter	53

3.1.4	Schulungskurse für Nachwuchsmeister	55
3.1.5	Einsatz von Führungskräften in der Fertigung	55
3.1.6	Informations-Ecken	57
3.1.7	Arbeits- und Informationskreise	58
3.1.8	Aktuelle Produktinformationen	58
3.2	Wert „Leistung und Gegenleistung"	59
3.2.1	Einstellungspolitik	59
3.2.2	Optimierung des Personalauswahlverfahrens	59
3.2.3	Führungskräftepolitik	77
3.2.4	Frauenförderung und Familienpolitik	78
3.2.5	Kinderbüro	78
3.2.6	Personalbetreuungskonzept	79
3.2.7	Neuer Typ Personalsachbearbeiter	81
3.2.8	Leistungsorientierte Entgeltpolitik	81
3.2.9	Leistungs- und Potentialportfolio für Führungskräfte	82
3.2.10	Leistungsbezogener Monatslohn	83
3.2.11	Arbeitsplatzbewertung und Funktionsbilder	84
3.2.12	Erfolgsbeteiligung und Vermögensbildung	85
3.2.13	Identifikations- und Motivationsprogramm	85
3.3	Wert „Orientierung des Verhaltens an ethischen Zielen"	86
3.3.1	Führungskultur	86
3.3.2	Handlungsmaximen	87
3.3.3	Führungskräfteentwicklung	88
3.3.4	Aufwärtsbeurteilung	90
3.3.5	Aufwärtsbeurteilung für Meister	92
3.3.6	Kollegenbeurteilung	93
3.3.7	Ausländerpolitik	93
3.4	Wert „Selbstverwirklichung in der Arbeit"	96
3.4.1	Organisationsentwicklung/Lernstatt	96
3.4.2	Organisationskultur und Teamentwicklung	96
3.4.3	Arbeitsstrukturen und Arbeitsinhalte	100
3.4.4	Flexible und temporäre Organisationsformen	103
3.4.5	Neue Qualifikationsstrukturen und Lernformen	104
3.5	Wert „Selbständigkeit und Individualität"	106
3.5.1	Flexibilisierung der Arbeits- und Betriebszeit	106
3.5.2	Schichtmodell Regensburg	107
3.5.3	Arbeitszeitregelung für das Zweigwerk in Wackersdorf	112
3.5.4	Gleitzeitmodell für die Verwaltungsbereiche in Regensburg und Wackersdorf	114
3.5.5	Münchner Arbeitszeitmodell	120
3.5.6	Insgesamt 200 flexible Arbeitszeitregelungen	120
3.5.7	Teilzeit-Offensive	123
3.5.8	Die Zukunftsvision: Von der Zeitorientierung zur Ergebnisorientierung	124
3.5.9	Ausbildungskonzept des Werkes Regensburg	125
3.5.10	Gruppenarbeit in der Ausbildung	126
3.6	Wert „Sicherheitsstreben"	127
3.6.1	Arbeitssicherheitskonzept	127

Inhaltsverzeichnis IX

3.6.2	Gesundheitspolitik	128
3.6.3	Integration aller Sicherheitsfunktionen	128
3.6.4	Ergonomische Arbeitsplatzgestaltung	129
3.6.5	Flop des Monats	129
3.7	Verknüpfung verschiedener Werte in der Praxis	130
4.	Die werteorientierte Personalpolitik als Eckpfeiler der Unternehmenskultur	131
5.	Neue Herausforderungen und Ziele auf dem Weg ins Jahr 2000	134
5.1	Lean production als Patentrezept?	134
5.2	Veränderungsmanagement als Zukunftsaufgabe	136
5.3	Renaissance der Führung	138
5.4	Werteorientierte Personalpolitik und Effizienzsteigerung	139

C. Anhang

Anlage 1: Leitfaden für das AT-Mitarbeitergespräch 143

Anlage 2: Kriterien für das AT-Mitarbeitergespräch 144

Anlage 3: Startschreiben zur Aufwärtsbeurteilung 146

Anlage 4: Fragebogen zur Aufwärtsbeurteilung 148

Anlage 5: Startschreiben zur Aufwärtsbeurteilung für Meister 152

Anlage 6: Fragebogen zur Aufwärtsbeurteilung für Meister 153

Literaturverzeichnis 157
Stichwortverzeichnis 163

A. Einführung

von *Lutz von Rosenstiel*

Unternehmen sind der Gesellschaft gegenüber offene Systeme (*Gebert*, 1978). Wandlungen im Umfeld prägen die Unternehmen oder stellen neue Anforderungen an diese (*v. Rosenstiel*, 1989). Als eine für die Unternehmen sehr bedeutsame Umfeldänderung darf der Wandel von Werteorientierungen in der Gesellschaft gelten (*Klages*, 1984). In dieser Einführung soll der Wandel von Werteorientierungen an beispielhaften Indikatoren in seiner Richtung dargestellt und auf seine Ursachen hin analysiert werden. Darauf aufbauend soll exemplarisch dargestellt werden, welche Konsequenzen sich daraus für die Personalarbeit in Unternehmen ergeben können. Ein sehr konkretes Beispiel dafür wird dann im Hauptteil dieses Buches von *Gerhard Bihl* anläßlich des 10. „Geburtstages" der 'Werteorientierten Personalpolitik' bei BMW vorgestellt.

1. Unternehmen und Gesellschaft

Eine verkürzte Sicht des Unternehmens kann modellhaft das Umfeld ausblenden und das Unternehmen als geschlossenes System betrachten. Zur Beantwortung ganz spezifischer enger Fragestellungen mag ein solches Vorgehen nützlich sein. Für umfassendere Analysen ist das jedoch ein unzureichender Ansatz. Gerade in marktwirtschaftlich konzipierten Gesellschaften ist die Offenheit des Systems Unternehmen ein für sein Überleben zentraler Punkt. Die Aktivitäten im Unternehmen sind abhängig vom Beschaffungsmarkt, Personalmarkt, Absatzmarkt und Finanzmarkt (*Hill/Fehlbaum/Ulrich*, 1974). Der Markt wird also zu einem hochrelevanten Umweltausschnitt, auf dessen Änderungen das Unternehmen rasch reagieren muß. Für andere Ausschnitte des Umfeldes gilt dies in ähnlicher, wenn auch nicht so zentraler Weise; man denke z. B. an rechtliche und normative Veränderungen in der Gesellschaft, an Umweltveränderungen aus ökologischer Perspektive etc. Es gilt aber auch – und z. T. überlappt sich dieser Aspekt mit dem unter dem Stichwort „Personalmarkt" angedeuteten – für das, was Menschen denken und meinen, was ihnen wichtig ist und ihre handlungsleitenden Prioritäten setzt. Da die Mitglieder des Unternehmens zugleich Mitglieder der Gesellschaft sind, werden Veränderungen in den Auffassungen vom Wünschenswerten über die Personen in die Organisationen hineingetragen; sie werden zum Transmissionsriemen der Veränderung. Sucht sich das Unternehmen allerdings bewußt dagegen abzuschotten, so führt gerade dies zur Veränderung des Systems, das an den „Grenzen" Barrieren errichten muß, z. B. durch gezielte Maßnahmen der Personalselektion (*Windolf/Hohn*, 1984; *v. Rosenstiel/Nerdinger/Spieß/Stengel*, 1989) oder aber bewußt auf die Organisationsmitglieder einwirken wird (*v. Rosenstiel/Bögel*, 1986), damit diese so wünschen, denken und handeln, wie es tradiertermaßen im Unternehmen üblich ist. Gerade der Versuch, sich gegen Veränderungen im gesellschaftlichen und natürlichen Umfeld abzuschotten, um das Unternehmen so zu erhalten, wie es in seiner Struktur und Kultur sich zuvor darstellte, führt in der Regel paradoxerweise dazu, daß es sich besonders stark verändert und zudem – eine für das Personalmarketing bedeutsame Tatsache – sich im Sinne der Figur-Grund-Differenzierung als Figur besonders scharf und kontrastierend von der umgebenden Gesellschaft abhebt.

2. Aspekte des aktuellen Wandels

Analysiert man den derzeitigen, für die Unternehmen wichtigen Aspekt des Wandels in Gesellschaft und Umfeld, so wird man selbst bei einer Begriffsbildung auf relativ hohem und abstraktem Niveau zu einer umfangreichen Liste gelangen. Man denke an folgende Punkte:
- Steigende **Komplexität** der Aufgaben und der Qualifikationen, woraus sich die Notwendigkeit gezielter mittelfristiger Schulungsmaßnahmen in möglichst konkreter Weise für nahezu alle Mitarbeiter ergibt.
- Notwendigkeit der **Kooperation** in zeitbegrenzten, interdisziplinär zusammengesetzten Teams, was für das Führungsverständnis bedeutet, Vorgesetzte als Koordinatoren von Spezialisten zu interpretieren, und für alle Betroffenen heißt, daß ihre Teamfähigkeit und kommunikative Kompetenz gesteigert werden müssen.
- Wachsender **Anteil von Frauen** in qualifizierten Tätigkeiten, woraus sich sowohl für die Führung als auch für die Kooperation spezifische neue Anforderungen ergeben, da sich Männer und Frauen hinsichtlich ihres Kommunikations- und Arbeitsstils unterscheiden.

2. Aspekte des aktuellen Wandels

- Vermehrte **internationale Zusammenarbeit** nicht nur aufgrund häufiger grenzüberschreitender Kooperationen, sondern auch aufgrund eines steigenden Ausländeranteils in deutschen Betrieben, woraus sich die Notwendigkeit für viele Personen ableitet, Fremdsprachenkenntnisse und interkulturelle Kompetenzen zu erwerben.
- Zunehmender **Wettbewerbsdruck**, woraus sich Aufbau- und Ablauforganisationen ableiten lassen, die eine Ressourcenverschwendung vermeiden („lean"), worauf Führende und Geführte vorbereitet werden müssen, damit die neuen Strukturen nicht als „Bombenwurf" implementiert werden. Was dies z. B. für die Führenden heißen kann, zeigt exemplarisch Abbildung A.2.1.

Abb. A.2.1: Anforderungen an Führungskräfte (ein Beispiel)

Trends im gesellschaftlichen Umfeld	Konsequenzen für das Unternehmen	Anforderungen an die Führungskräfte
Austauschbarkeit der Angebote	• verschärfter Konkurrenzdruck, Differenzierung im Markt, Innovation • verstärkte Kundenorientierung (Marktorientierung) • offensive (aggressive) Strategien • Identitätsprobleme der Mitarbeiter • leistungsgerechtes Vergütungssystem	• erfolgsorientiertes Führen • Markt- und Kundenorientierung (intern und extern) • Zivilcourage (auch im Umgang mit MA) • Konsequenz • Motivationsfähigkeit • Dienstleistungsbereitschaft • Belastbarkeit • Überzeugungskraft (Verkaufsgeschick) • Kreativität • Repräsentation • Serviceorientierung • Kostenbewußtsein

- **Elektronisierung** von Arbeitsprozessen, die einerseits viele Chancen bietet, andererseits u. a. die Gefahr enthält, daß die unmittelbare zwischenmenschliche Kommunikation ersetzt und damit der Gruppenzusammenhalt gefährdet wird. Veränderte Kommunikationskonzepte im Sinne der Prozeßorganisation sind zu erarbeiten, die diesem Konflikt gerecht werden.
- Bedeutungsverlust der **Arbeitszeit als Leistungsmaß**. Vermehrt werden – durch die Elektronisierung begünstigt – Menschen ihrer beruflichen Arbeit in einer Weise nachgehen können, die flexibel hinsichtlich des Ortes und der Zeit ist. „Neue Heimarbeit" entwickelt sich auch auf qualifizierten Feldern. Daraus lassen sich gänzlich

veränderte Anforderungen an die Gestaltung von Arbeitsverträgen und an die Interessenvertretung der Mitarbeiter, aber auch an die Organisation betrieblicher Abläufe ableiten.
- **Wandel gesellschaftlicher Werte**, der zur Konsequenz hat, daß bisher wirksame Anreize an Gewicht verlieren und durch inhaltlich modifizierte ersetzt werden müssen, z. B. durch Konzepte einer werteorientierten Personalpolitik.
- Verschärfung des Bewußtseins der **ökologischen Bedrohung**, was für das Unternehmen nicht nur im Sinne einer Marketingmaßnahme bedeutet, Produkte und Dienstleistungen so zu konzipieren, daß Herstellung, Nutzung und Entsorgung möglichst umweltverträglich erfolgen, sondern daß sie dies auch für die Mitarbeiter deutlich machen, um ihre Motivation zu erhalten und zu vermeiden, daß sie sich ihrer Arbeit und ihres Unternehmens schämen.
- Wachsende **gesellschaftliche Verantwortung** und Kontrolle, was zur Konsequenz hat, daß auch Mitarbeiter unterhalb der Vorstands- und Geschäftsführerebene zu (vermuteten) Problemen im Unternehmen außerhalb desselben in Diskussionen gezogen werden – bis hin zur eigenen Familie. Dies bedeutet, daß die Mitarbeiter darauf vorbereitet, adäquat informiert und qualifiziert werden.

Hier seien exemplarisch drei voneinander nicht unabhängige Veränderungstendenzen herausgegriffen, die spezifisch für die Personalarbeit eine kaum zu unterschätzende Bedeutung haben:
- die steigende Komplexität der Aufgaben,
- die Akademisierung des Nachwuchses,
- der Wandel der Werteorientierungen.

2.1 Komplexitätssteigerung der Aufgaben

Bedenkt man, welche Anforderungen an die Arbeitenden sich aus den Aufgaben ergeben (*Kern/Schumann*, 1970; 1984), so ist ein erheblicher Wandel diagnostizierbar, der keineswegs homogen ist. Da gibt es auch Verlierer. Mechanisierung, Automatisierung und Elektronisierung haben dazu geführt, daß für bestimmte Gruppen die qualitativen Anforderungen abgesunken sind. Eine Hausfrau muß heute – im Gegensatz zu früher – in der Regel nicht mehr Obst und Marmelade einkochen, Kartoffeln und Gemüse einwintern, Pullover und Socken stricken, Kleider nähen etc. Quantitativ und qualitativ sind die Anforderungen an die Hausarbeit gesunken – mit allen positiven und negativen Konsequenzen – auch und gerade im Psychi-

2.1 Komplexitätssteigerung der Aufgaben

schen. Ähnliches gilt für viele berufliche Tätigkeiten in Organisationen. Hier ist durch „Enteignung der Experten" (*Volpert*, 1988) das bisherige Wissen der Fachleute Bestandteil der entpersönlichten Systeme geworden und wertet das bisherige Wissen der ursprünglichen Eigner ab. Man denke an die Personen an den Kassen der Banken und Supermärkte, an Setzer, an Apotheker u. v. a. m.

Auf der anderen Seite jedoch steht eine mit der Wissensvermehrung einhergehende Komplexitätssteigerung von Aufgaben, die viele Berufstätige trifft. Die Vielschichtigkeit von Sachverhalten, die Nebenwirkungen von Prozessen wurden erkannt und müssen berücksichtigt werden. Manche von Menschen geschaffene Sachverhalte sind darüber hinaus in sich vielschichtiger geworden, z. B. durch gesetzliche Bestimmungen, Auflagen, Mitbestimmungsregelungen etc. So ist z. B. die Beratung eines Kunden am Bankschalter, der 50.000 DM anlegen möchte, heute ungleich schwieriger für den Vermögensberater, als es dies vor 30 Jahren war. Im Personalbereich hat all dies gewaltige Konsequenzen. Bestimmte Aufgaben, die bislang von einem einzelnen bewältigt werden konnten, müssen heute und vermehrt noch künftig von einem Team sich ergänzender Spezialisten bearbeitet werden, da ein einzelner den gewachsenen qualitativen Anforderungen nicht mehr entspricht. Dies modifiziert die Ansprüche der Organisation an den einzelnen. Neben das geforderte Spezialistenwissen muß als zusätzliche Anforderung die Kooperations- und Teamfähigkeit treten.

Das hohe Spezialistenwissen auf Teilgebieten führt zunehmend dazu, daß der Stelleninhaber auf seinem Spezialgebiet besser informiert ist als der Vorgesetzte. Führung durch Befehl oder Auftrag wird dadurch häufig erschwert oder gar unmöglich gemacht. Entsprechend läßt sich in diesen Feldern Führung kaum – wie sonst häufig (*v. Rosenstiel/Molt/Rüttinger*, 1988) – als zielbezogene Beeinflussung von Unterstellten definieren, sondern muß als Koordination von Spezialisten bestimmt werden. Für Führende und Geführte beinhaltet dies eine erhebliche Veränderung der Anforderungen. Führende müssen es lernen zu akzeptieren, daß die ihnen unterstellten Spezialisten auf ihrem Fachgebiet besser informiert sind als sie selbst. Entsprechend wird für sie ein kooperativ-koordinierendes Führungsverhalten zur Anforderung, woraus sich ein Verzicht auf Anweisung und Kontrolle im herkömmlichen Sinne ergibt. Die Geführten müssen entsprechend lernen, ihr ihnen übertragenes Aufgabengebiet selbstbestimmt und selbstmotiviert zu übernehmen und auf die gelegentlich entlastende hierarchische Abhängigkeit verzichten.

2.2 Akademisierung des Nachwuchses

Insbesondere in den sechziger Jahren wurde „Bildung" zu einem gesellschaftlichen Leitwert. Gesellschaftlicher Bedarf wurde diagnostiziert und in der Bildung ein Weg zur Selbstverwirklichung und Emanzipation des einzelnen gesehen. Dies hatte Konsequenzen. 1950 machten 4,4% eines Altersjahrgangs das Abitur; 1963 waren es 5,7%, 1973 6,4%, 1969 16,0%, 1984 21,0% und 1987 schließlich 27,6% (*Hitpaß/Trosien*, 1987). Dies hatte – denkt man an die Bewerberlage – für die Personalabteilungen der Organisationen erhebliche Konsequenzen. Es bewerben sich zum einen mehr Abiturienten oder gar diplomierte oder promovierte Akademiker, als man eigentlich benötigt. Man ist aber darauf angewiesen, einen Teil dieser Bewerber einzustellen, da der Personalmarkt gut befähigte Real- oder Hauptschüler in ausreichender Zahl nicht mehr „hergibt". Zunehmend lassen eben Eltern ihr in der Schule erfolgreiches Kind bis zum Abschluß durch das Abitur im schulischen Bildungssystem. Welche Konsequenzen dies am Beispiel des Marktführers im deutschen Bankwesen hatte, zeigt Abbildung A.2.2.

Man erkennt, daß in nur 13 Jahren der Anteil der Abiturienten an den Auszubildenden von unter 20% auf über 70% gestiegen ist, während im gleichen Zeitraum der Anteil der Auszubildenden mit Mittlerer Reife sich etwa halbierte und der Personen mit Volks-, Haupt- oder Handelsschulabschluß von einem guten Viertel auf nahezu null zurückging.

Man bedenke darüber hinaus, daß vielfältig ja nicht nur Abiturienten, sondern auch Personen mit Studienabschluß eingestellt werden, deren Ausbildung häufig nicht oder nur z. T. den Anforderungen entspricht. Studiert werden eben nicht nur Wirtschafts-, Ingenieurswissenschaft und Informatik, sondern auch Pädagogik, Soziologie oder Politologie. Die Integration von Personen über gezielte Traineeprogramme, die zwar abstraktes Denken und methodisches Vorgehen erlernt haben, dies aber an anforderungsirrelevanten Inhalten, stellt für Personalabteilungen und verantwortliche Linienvorgesetzte ein nicht unerhebliches Problem dar. Dazu kommt generell, daß über höhere Schulbildung und Studium eine kritische Auseinandersetzung mit Autoritäten (z. B. tradierten und hochgeschätzten Lehrmeinungen), ein neuerliches Durchdenken von Gesamtzusammenhängen, ein Hinterfragen von vordergründig plausibel Erscheinendem zum sozial Erwünschten zählt, obwohl gerade diese Verhaltensweisen in den Unternehmen dann als „Aufmüpfigkeit" und Gefährdung unge-

Abb. A.2.2: Neueingestellte Auzubildende bei der Deutschen Bank nach Schulabschlüssen

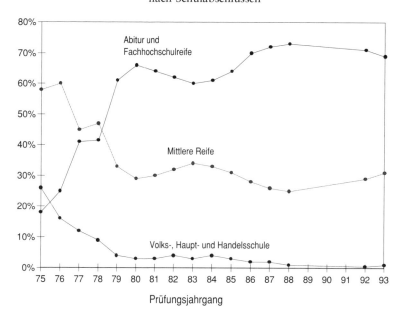

Quellen: v. Rosenstiel/Nerdinger/Spieß/Stengel, 1989, S. 6; Deutsche Bank 1994

schriebener Organisationsnormen interpretiert werden. Die während eines langen Verbleibens im Bildungssystem vermittelten Werthaltungen des einzelnen können dann leicht in Konflikt mit den „geronnenen Werten" (v. Rosenstiel, 1984) treten, als die Organisationen interpretiert werden können. Damit ist unser Blick zugleich auf eine dritte für den Personalbereich wichtige gesellschaftliche Wandlungstendenz gelenkt: den Wertewandel.

3. Wandel der Werteorientierungen

In der aktuellen Diskussion und in einer Vielzahl von Publikationen (z. B. Kmieciak, 1976; Klages/Hippler/Herbert, 1992) wird ein „Wertewandel" postuliert und mit Daten der empirischen Sozialforschung belegt. Dennoch wird auf dem genannten Feld kontrovers diskutiert bis hin zu der Aussage, daß sich Werte gar nicht gewandelt hätten. Nachfolgend soll versucht werden, in einer knappen Form Begriffe zu klären, auf Indikatoren des Wandels hinzuweisen, seine Richtung zu belegen, Modellvorstellungen zu diskutieren, den Wandel historisch einzuordnen und soziodemographisch zu differenzieren sowie den Prozeß und seine gesellschaftliche Bedeutung zu werten. Abschließend soll exemplarisch aufgezeigt werden, was dieser Wandel für die Entwicklung von Arbeit bedeuten könnte.

3.1 Begriffliche Klärung

Werte sind Auffassungen von Wünschenswertem (*Kluckhohn*, 1951), die in der Regel als Konstrukte auf gesellschaftlichem Niveau behandelt werden. Dabei herrscht ein weitgehender Konsens unter Sozialwissenschaftlern, daß sie auf einem relativ hohen Abstraktionsniveau angesiedelt sind, also keinen unmittelbaren Gegenstandsbezug haben. In diesem Sinne lassen sich Wahrheit, Gerechtigkeit, Freiheit etc. als Werte interpretieren. In bestimmten Regionen und auch zu bestimmten Zeitpunkten kann die Rangfolge derartiger Werte sich ändern; manche können nahezu alle Bedeutung verlieren und andere an ihre Stelle treten. In diesem Sinne könnte man annehmen, daß im Zuge der Befreiungskriege in den späteren Vereinigten Staaten von Amerika und in Frankreich in der Zeit vor der Revolution die Werte Freiheit, Gleichheit, Brüderlichkeit als Orientierungsgrundlage der Gesellschaft an Bedeutung gewannen und jene zurücktraten, die einer monarchistisch geprägten Gesellschaft Stabilität und Akzeptanz gaben.

Einzelne Menschen können nun in ungleich starkem Maße auf diese Werte ausgerichtet sein. Man spricht dann von Werteorientierungen (*Klages*, 1984), die interindividuell unterschiedlich ausgeprägt sein können, aber doch in einer spezifischen Gruppe oder Gemeinschaft in der Regel ähnlich ausgerichtet sind.

Auch diese Werteorientierungen haben wegen ihrer Allgemeinheit noch keinen unmittelbaren Handlungsbezug. Dieser aber stellt sich in der konkreten Auseinandersetzung mit einer Entscheidungssituation ein, in der die Werthaltung sich zur gegenstandsbezogenen Einstellung oder zu inhaltlichen Motivzielen konkretisiert. So wird beispielsweise jener, der besonders am Wert der Freiheit orientiert ist, sich in der Situation der Berufswahl anders entscheiden als jener, dem der Wert der Sicherheit wichtiger ist, und beide werden sich vermutlich auch im Stil der Erziehung ihrer Kinder nachhaltig voneinander unterscheiden.

Wenn heute häufig von einem Wandel der Werte gesprochen wird, so ist damit nur in Ausnahmefällen gemeint, daß tatsächlich die in der Gesellschaft beachteten Werte sich inhaltlich verändert haben oder daß gar einige gänzlich verschwunden und andere neu entstanden seien. Es geht vielmehr darum, daß begründet von der Annahme ausgegangen wird, daß es Verschiebungen in ihrer Rangreihe gegeben habe, bzw. daß die Bevölkerung oder ein Teil der Bevölkerung im veränderten Maß, verglichen mit einem Zeitpunkt zuvor, an ihnen orientiert sei. Bedenkt man außerdem die Operationalisierungen der Werte in den meisten empirischen Untersuchungen über Antworten repräsentativer Bevölkerungsstichproben auf wertgerichtete Fragen, so ist es angemessen, von einem „Wandel der Werteorientierungen" (*Klages*, 1984) zu sprechen.

3.2 Indikatoren des Wandels

Es ist denkbar, Werte bzw. Werteorientierungen auf drei Ebenen zu operationalisieren und zu bestimmen:
- Objektivationen menschlichen Verhaltens,
- menschliches Verhalten,
- Aussagen.

Objektivation, Schöpfungen von Menschen, die insgesamt Kultur sichtbar werden lassen, sind als Ausdruck dessen interpretierbar, was jenen, die diese Dinge schufen, wichtig und wesentlich erschien. In diesem Sinne lassen sich Baudenkmäler, die Pyramiden des alten Ägypten, griechische Tempel, die römischen Amphitheater, die gotischen Dome oder die Vernichtungslager des Dritten Reiches auch unter dem Aspekt gesellschaftlicher Werte interpretieren; das Entsprechende gilt für Gesetze und Regelwerke, für Strukturen von Organisationen, für Produkte und Dienstleistungen etc. Dabei ist offensichtlich, daß diese von Menschen geschaffenen Kulturgegenstände nicht ausschließlich von dominierenden Werteorientierungen abhängig sind, sondern auch von einer Vielzahl anderer Einflußgrößen. Bei historischen Analysen ist weiterhin zu prüfen, ob sie – man denke an die Pyramiden – von der gesamten Bevölkerung oder nur von wenigen Mächtigen, die anderen ihren Willen aufzwingen konnten, gewünscht wurden, oder ob sie – wie die Kathedralen des Hochmittelalters – von einer breiten Bevölkerungsmehrheit gewollt und in diesem Sinne legitimiert wurden. Dennoch bieten diese Artefakte bei historischen Analysen die Chance, als „geronnene Werte" interpretiert zu werden, wobei derartige Deutungen selbstverständlich vorsichtig und kritisch erfolgen sollten.

Menschliche Verhaltensweisen können ebenfalls als Ausdruck dessen interpretiert werden, was Menschen wichtig ist. Auch hier muß man bei der Interpretation vorsichtig sein. Das Verhalten hängt ja nicht nur von dem ab, was man will, sondern auch von dem, was man kann, was man darf und was die äußeren Bedingungen zulassen. Dennoch kann es bei einer aktuellen Analyse des Wandels von Werteorientierungen sehr interessant sein, z. B. danach zu fragen, warum die Geburtenrate in Deutschland zurückgegangen ist, warum mehr und mehr Menschen aus der Kirche austreten, warum (zumindest in den alten Bundesländern) der Einpersonenhaushalt die häufigste Wohnform ist und vieles andere mehr.

Die gebräuchlichste Methode bei der Untersuchung von Werteorientierungen ist die Befragung repräsentativer Querschnitte der Bevölkerung oder von Teilpopulationen. Werden Jahr für Jahr repräsentative Bevölkerungsquerschnitte mit gleichen Fragen konfrontiert, so lassen sich die Antworten, meist Reaktionen auf geschlossene Fragen, als Zeitreihe darstellen und analysieren. Kritisch ist dabei, ob sich hier wirklich grundlegende Werteorientierungen niederschlagen oder ob es sich „lediglich" um einen Wandel des sozial Erwünschten handelt. Als Störgröße kann auch wirken, daß sich gelegentlich in relativ kurzer Zeit die Bedeutung bestimmter Wörter verändert und somit nur wenige Jahre später ein für die Frage zentrales Wort anders als zuvor verstanden wird. Hier ist es ratsam (*Pawlowsky*, 1986), verschiedene Fragen, unterschiedlich formuliert, aber die gleichen Inhalte betreffend, einzusetzen. Lassen sich dabei weitgehend parallele Zeitreihen feststellen, so darf der diagnostizierte Trend als relativ valide gelten.

Ein Beispiel dafür, wie derartige auf Befragungen beruhende Zeitreihen aussehen, verdeutlicht Abbildung A.3.1 am Beispiel dreier Erziehungswerte.

3.3 Richtung des Wandels

Die umfangreiche vorliegende Literatur mit einer Vielzahl empirischer Daten läßt Wandlungstendenzen auf sehr vielen Gebieten erkennen. Hebt man diese Daten auf ein mittleres Abstraktionsniveau und faßt zentrale Tendenzen zusammen, so läßt sich folgendes als relativ gesichert festhalten:
– Säkularisierung fast aller Lebensbereiche,
– Abwendung von der Arbeit als einer Pflicht,
– Unterstreichung des Wertes der Freizeit,
– Ablehnung von Bindung, Unterordnung und Verpflichtung,
– Betonung des eigenen (hedonistischen) Lebensgenusses,

3.3 Richtung des Wandels

Abb. A.3.1: Gewandelte Erziehungswerte

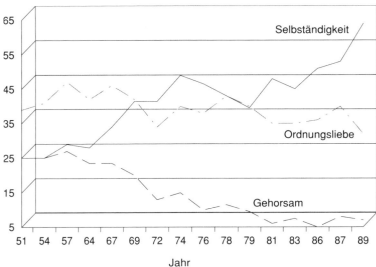

Quelle: *Klages*, 1993

- Erhöhung der Ansprüche in bezug auf eigene Selbstverwirklichungschancen,
- Bejahung der Gleichheit und Gleichberechtigung zwischen den Geschlechtern,
- Betonung der eigenen Gesundheit,
- Hochschätzung einer ungefährdeten und bewahrten Natur,
- Skepsis gegenüber den Werten der Industrialisierung, wie z. B. Gewinn, Wirtschaftswachstum und technischem Fortschritt.

Abstrahiert man noch stärker, so läßt sich der Wandel an zwei faktoriell voneinander unabhängigen Dimensionen festmachen, die *Klages* (1984) als
- Pflicht- und Akzeptanzwerte sowie
- Selbstentfaltungswerte

kennzeichnet.

Was darunter verstanden werden kann, zeigt Abbildung A.3.2 (S. 12).

Noch abstrakter ist die Interpretation, die *Inglehart* (1977, 1989) dem Wandel gibt. Sein Vorgehen bestand darin, in verschiedenen westlichen Industriestaaten repräsentativen Bevölkerungsgruppen politische Ziele vorzugeben, die er, angeregt durch die *Maslow*sche Motivationstheorie (1954), entwickelte.

Abb. A.3.2: Hauptsächlich am Wertewandel beteiligte Wertegruppen

	Selbstzwang und -kontrolle (Pflicht und Akzeptanz)		Selbstentfaltung
Bezug auf die Gesellschaft	»Disziplin« »Gehorsam« »Leistung« »Ordnung« »Pflichterfüllung« »Treue« »Unterordnung« »Fleiß« »Bescheidenheit«	Idealistische Gesellschaftskritik	»Emanzipation« (von Autoritäten) »Gleichbehandlung« »Gleichheit« »Demokratie« »Partizipation« »Autonomie« (des einzelnen) ....
Bezug auf das individuelle Selbst	»Selbstbeherrschung« »Pünktlichkeit« »Anpassungsbereitschaft« »Fügsamkeit« »Enthaltsamkeit«	Hedonismus	»Genuß« »Abenteuer« »Spannung« »Abwechslung« »Ausleben emotionaler Bedürfnisse«
		Individualismus	»Kreativität« »Spontaneität« »Selbstverwirklichung« »Ungebundenheit« »Eigenständigkeit« ....

Quelle: *Klages,* 1984

Abbildung A.3.3 zeigt die Beziehung zwischen den Motivgruppen *Maslows* und den politischen Zielen.

Die Versuchspersonen wurden aufgefordert, je drei ihnen besonders wichtig erscheinende politische Ziele auszuwählen. Wurden diese ausschließlich aus den beiden unteren Zielklassen gewählt, so wurde die Person als „Materialist" bezeichnet; fielen die Wahlen ausschließlich in die beiden oberen Zielklassen, so beschrieb sich damit die Person als „Postmaterialist". *Inglehart* setzte nun den Anteil der

3.3 *Richtung des Wandels* 13

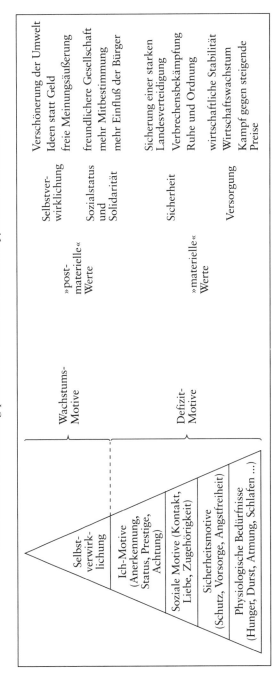

Abb. A.3.3: Die Ableitung politischer Werte aus der Motivpyramide von *Maslow*

Quelle: *von Rosenstiel, 1993*

Postmaterialisten in Bezug zum Anteil der Materialisten (wobei er die „Mischtypen" nicht weiter berücksichtigte) und diagnostizierte für mehrere Länder eine Verschiebung vom Materialismus zum Postmaterialismus wie Abbildung A.3.4 zeigt.

Inglehart fand diese Verschiebungen so bedeutsam, daß er im Titel seines Buches (1977) von einer „Stillen Revolution" sprach. Obwohl *Inglehart*s Arbeiten heftig kritisiert wurden, u. a. weil die Daten auf

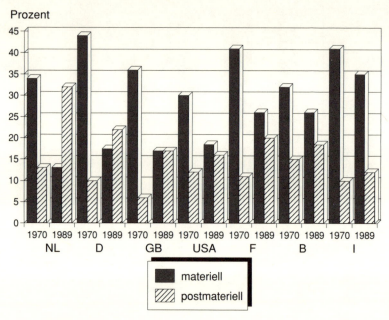

Abb. A.3.4: Wertewandel im internationalen Vergleich

Quelle: *Inglehart,* 1989

individuellem Niveau nicht reliabel sind, weil die Methode der Zwangswahl notwendigerweise zu Überpointierungen und Verzerrungen führen muß und eine eindimensionale Betrachtung aufzwingt, konnten auf aggregiertem Niveau (z. B. im Ländervergleich) Verhaltenskorrelate des Indikators nachgewiesen werden.

3.4 Modelle des Wandels

Die vielfältigen vorliegenden Daten haben zu unterschiedlichen Modellvorstellungen geführt, mit deren Hilfe man den Wandel glaubt abbilden zu können.

Drei Konzepte sollen hier knapp verglichen werden.

Noelle-Neumann (1978) neigt zu einer einpoligen Skala und interpretiert den diagnostizierten Wandel als Verfall der „bürgerlichen Tugenden". Folgendes Zitat (1978, S.15) verdeutlicht dies: „Der hohe Wert von Arbeit, von Leistung; Überzeugung, daß sich Anstrengung lohnt; Glaube an Aufstieg und Gerechtigkeit des Aufstiegs; Bejahung von Unterschieden zwischen den Menschen und ihrer Lage; Bejahung des Wettbewerbs; Sparsamkeit als Fähigkeit, kurzfristige Befriedigung zugunsten langfristiger zurückzustellen; Respekt vor Besitz; Streben nach gesellschaftlicher Anerkennung; Anerkennung von Normen, von Sitte und Anstand ...", bei all diesen Werten läßt sich „das rasche Absinken der Zahl der Menschen, die diese jeweiligen Werte unterstützen ...", feststellen (vgl. auch S. 41).

Auf einer bipolaren Skala läßt sich die soeben geschilderte Auffassung von *Inglehart*, die durch die Pole materialistisch bzw. postmaterialistisch beschrieben werden kann, darstellen. Obwohl auf diese Weise der Wandel sehr einfach und anschaulich visualisiert werden kann, was die Akzeptanz des Modells in weiten Kreisen erhöhte, muß die empirische Stützung als Artefakt der verwendeten Untersuchungsmethode kritisiert werden.

Faktorenanalysen von Aussagen aus umfangreichen Wertefragebögen sprechen für sogenannte mehrdimensionale Wertmodelle. Besonders häufig zitiert wird das noch anschauliche zweidimensionale Konzept von *Klages* (1984). Die beiden Faktoren, die voneinander unabhängig sind, werden als „Pflicht- und Akzeptanzwerte" bzw. „Selbstentfaltungswerte" bezeichnet (vgl. auch S. 41).

Zwar geht – aggregiert betrachtet – der Trend dahin, daß die Pflicht- und Akzeptanzwerte abgesunken, die Selbstentfaltungswerte dagegen angestiegen sind. Auf individuellem Niveau aber herrscht statistisch gesehen Unabhängigkeit. Entsprechend kann eine einzelne Person gleichermaßen sowohl durch Pflicht- und Akzeptanzwerte als auch durch Selbstentfaltungswerte gekennzeichnet sein oder auch durch „Werteverlust" auf beiden Dimensionen. Daraus ließe sich eine Typologie entwickeln, die Abbildung A.3.5 (S. 16) in etwas karikierender Weise zeigt.

Abb. A.3.5: Die vier Grundtypen im zweidimensionalen Wertmodell

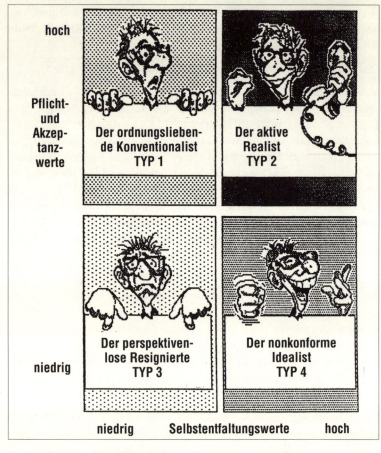

Quelle: *Klages/Franz/Herbert,* 1985

Bei differenzierter und empirisch gestützter Betrachtungsweise sind sowohl das eher normative Wertverfallskonzept als auch das eindimensionale Konzept zu simpel, um die gefundenen Daten adäquat abzubilden. Mehrdimensionale Modellvorstellungen erscheinen adäquater, erschweren aber die Diskussion um die Ursachen und Folgen des Wandels der Werteorientierungen.

3.5 Historische Einordnung

Gelegentlich wird aktuell über den „Wertewandel" so gesprochen, als handele es sich dabei um ein singuläres Ereignis. Dies ist mit hoher Wahrscheinlichkeit eine unzutreffende Annahme, obwohl wir natürlich aus vergangenen historischen Epochen nur unzureichendes empirisches Material haben, insbesondere keine Befragungsdaten, die auf lang zurückliegende Schübe eines Wertewandels hindeuten könnten. Dennoch gibt es gute Gründe für die Annahme, daß – denkt man nur an die Neuzeit auf dem Boden Deutschlands – die Reformationszeit, die erste Hälfte des siebzehnten Jahrhunderts mit dem Dreißigjährigen Krieg, die „Sturm und Drang"-Zeit, die Romantik und die „Wandervogel"-Zeit Phasen intensiver Umorientierungen waren, während andere Epochen unter diesem Aspekt stabil erscheinen. Denkt man – bei Berücksichtigung vorliegender Daten – an den derzeit diskutierten Wandel der Werteorientierungen, so kann man mit *Klages* (1984) etwas pointiert annehmen, daß dieser Wandel in der Mitte der sechziger Jahre eine erhebliche Dynamik gewann, die mit dem Symboljahr 1968 einen für alle sichtbaren Höhepunkt erreichte, um Mitte der siebziger Jahre wieder zu verebben. Allerdings ist die gelegentlich formulierte Annahme, daß es danach, vor allem aber in den achtziger Jahren mit dem Symbol des Regierungswechsels 1982, zu einem Rückschlag des Pendels gekommen sei, durch die Daten kaum belegbar. Zumindest muß hier die Diskussion differenzierter geführt werden. Auf einigen Gebieten ist auch in der zweiten Hälfte der siebziger Jahre ein Wandel durchaus feststellbar (z. B. Technikbewertung), auf einigen entwickelt sich erst in den achtziger Jahren erhebliche Dynamik (z. B. Umwelt als Wert), während auf wiederum anderen Feldern (z. B. Leistung) tatsächlich ein Rückschwung diagnostiziert werden konnte.

Generalisiert man wiederum, so läßt sich sagen, daß die **Wandlungsdynamik** im Zuge der siebziger Jahre deutlich abnahm und danach eher ein unruhiges Oszillieren ohne einheitlichen Trend festgestellt werden konnte.

3.6 Soziodemographische Differenzierung

Der Wandel der Werteorientierungen erfaßte nicht alle Gruppen der Bevölkerung zeitgleich und mit gleicher Intensität. Tatsächlich haben – dies wird bei einer kritischen und differenzierenden Analyse der Daten deutlich (*Klages*, 1984; *v. Klipstein/Strümpel*, 1985; *Pawlowsky*, 1986; *v. Rosenstiel/Stengel*, 1987) – verschiedene Gruppen der Bevölkerung den Wandel der Werteorientierungen in sehr unterschiedlichem Maße getragen. Bereits *Noelle-Neumann* (1978) hatte darauf verwiesen, daß der von ihr postulierte „Verfall der bürgerlichen Tugenden" zwar in allen Schichten der Bevölkerung zu beobachten sei, besonders eklatant jedoch bei der Generation der Unter-30jährigen.

Untersuchungen an Jugendlichen (*Jugendwerk der Deutschen Shell*, 1981; 1985) zeigen, daß auch bei jüngeren Personen vielfältige Differenzierungen erforderlich sind. Zwar ist die allgemein gehaltene Formulierung nicht falsch, daß der vielfach aufgezeigte Wandel in erster Linie von jenen Personen getragen wurde, die einerseits jung, andererseits höher gebildet sind und schließlich in städtischen Ballungsgebieten wohnen, doch ist auch dieses Bild noch zu grob, um dem Phänomen gerecht zu werden.

Dies ist darum besonders problematisch, weil dort, wo von einem gesamtgesellschaftlichen Wertewandel gesprochen wird, meist implizit und stillschweigend angenommen wird, daß jene Personen, deren Werthaltungen besonders intensiv gewandelt erscheinen, die „Pfeilspitze" eines Innovationsprozesses darstellen und die Mehrheit ihnen, wie den Innovatoren in der Diffusionstheorie von *Rogers* (1962), schon folgen werde. Dies ist fraglich, da es auch Hinweise dafür gibt, daß sich in anderen Bevölkerungsgruppen gegenläufige Trends bilden und Polarisierungen nicht ausgeschlossen sind. *Inglehart* (1989) dagegen sieht dies anders. Für viele Länder konnte er zunächst einen kleinen Prozentsatz an Postmaterialisten diagnostizieren. Da die Zeitreihenanalysen allerdings deutlich machen, daß diese Gruppe – obwohl weiterhin meist die Minderheit – wächst, spricht er, bezogen auf die Gesamtgesellschaft, von einer generellen Wende zum Postmaterialismus.

Dies allerdings sind empirisch nicht belegte Hypothesen; es ist sehr wohl denkbar, daß der heute nur bei bestimmten Bevölkerungsgruppen feststellbare Wandel der Werteorientierungen lediglich zu einer größeren Streuung innerhalb der Gesamtbevölkerung beitrug, was zu Polarisierungen oder unterschiedlichen Verteilungen von Werttypen, die an spezifischen soziodemographischen Kenndaten festgemacht werden könnten, führen dürfte. Marktforschungsabteilungen größerer Konzerne, die so etwas wie eine werteorientierte Produktpolitik betreiben, gehen z. T. von derartigen Überlegungen aus (*Bösenberg*, 1987).

3.7 Ursachen des Wandels

Über die Ursachen des Wandels der Werteorientierungen ist viel und kontrovers diskutiert worden (*v. Rosenstiel/Stengel*, 1987). Die vielfältigen, z. T. empirisch belegten, z. T. auch nur vermuteten oder indirekt erschlossenen Ursachen stehen miteinander kaum in Widerspruch, sondern sie ergänzen sich in der Mehrheit der Fälle. So sollen hier nur knapp einige denkbare Ursachen angesprochen werden, die relativ häufig genannt werden:

- **Altersstruktur:** Aufgrund des „Babybooms" in den fünfziger und sechziger Jahren finden wir zumindest in Deutschland derzeit eine relativ junge Bevölkerung. Da Jugend eine Affinität zu postmateriellen oder emanzipatorischen Werten zeigt, ist von daher eine „postmaterielle Wende" plausibel abzuleiten. Ähnlich ließe sich allerdings für die Zukunft, läßt man schwer prognostizierbare Effekte aufgrund von Einwanderungen einmal aus dem Spiel, mit der Überalterung der Bevölkerung eine „konservative Wende" vorhersagen.
- **Bedürfnisbefriedigung:** Die Befriedigung basaler Bedürfnisse in breiten Bevölkerungsgruppen läßt es selbstverständlich erscheinen, daß Nahrung und Wohnung etc. kein „Thema" sind. Über Selbstverständliches wird wenig gesprochen. Das Interesse wendet sich anderen, höheren Bedürfnissen zu, die weniger befriedigt sind. Dies läßt entsprechend auch eine Wandlung der Werteorientierungen plausibel erscheinen.
- **Sozialisation:** Wer in Zeiten des Mangels aufwächst, wird andere Werteorientierungen entwickeln als derjenige, der Wohlstand von allem Anfang an kennenlernte. Darauf gründet sich die Sozialisationshypothese, die von *Inglehart* (1977) formuliert wurde.
- **Bildungsinhalte:** Bestimmte Werte, wie z. B. Selbstentfaltung, Emanzipation von Autoritäten, Mitsprache, Toleranz etc., sind eine Funktion höherer Bildung oder doch mit dieser korreliert. In dem Maß, in dem als Folge eines veränderten Bildungssystems und eines veränderten Bildungsverständnisses mehr Menschen in den Genuß einer höheren Bildung kommen, sind Verschiebungen der Werteorientierungen anzunehmen.
- **Bildungsdauer:** Höhere Bildung geht einher mit einem längeren Verweilen in der Schule und Hochschule und ermöglicht ein Leben relativ fern von den Zwängen der Erwerbsarbeit im beruflichen Alltag. Dies eröffnet die Chancen zum gedanklichen Experimentieren innerhalb alternativer Lebensformen und Lebenswelten und macht von daher einen beschleunigten Wandel von Werteorientierungen wahrscheinlich.

- **Vergangenheitsbewältigung:** Die Lockerung von Verdrängungen und die damit einhergehende Auseinandersetzung mit der nationalsozialistischen Vergangenheit der Vätergeneration führte in Deutschland in den sechziger Jahren zu einer forcierten Abwendung von den Werten und Werteorientierungen der Älteren.
- **Defizitwahrnehmung:** Wenn materieller Wohlstand aufgrund eines mangelnden Befriedigungsniveaus für viele Jahre ein erstrebenswertes Ziel war, wird mit dem Erreichen dieses Zieles bewußt, daß „Geld allein nicht glücklich macht". Man wendet sich anderen Werten zu.
- **Wahrnehmung von Nebenwirkungen:** Wenn die Konsequenzen und Objektivationen bisheriger Werteorientierungen unerwünschte Nebenwirkungen zeigen und diese eine kritische Grenze übersteigen, so wird ein gegensteuernder Trend wahrscheinlich. Das Sterben der Wälder, die Zerstörung der Natur, die Unwirtlichkeit der Städte sind in jenen Werten, die die Industrialisierung bewirkten, nicht mit angestrebt. Sie sind jedoch eine Nebenwirkung, die, einmal sichtbar geworden, einen Wandel der Werte begünstigt.
- **Strukturwandel:** Wenn Wohnungen veränderte Grundrisse haben, Fernsehgeräte in jedem Haushalt zur Verfügung stehen, die Arbeitszeit sinkt und die Freizeitmöglichkeiten zunehmen etc., so wird dieses veränderte Sein auch das Bewußtsein prägen. Es ist nur allzu plausibel, daß quantitativ und qualitativ erhöhte Freizeitchancen die erlebte Bedeutung der Freizeit anwachsen lassen. Andere Beispiele ließen sich nennen.
- **Erziehung durch Institutionen:** Die emanzipatorisch gesinnten Lehrer der „68er Generation" beschleunigten als Multiplikatoren den Wandel der Werteorientierungen bei den damals jungen und für alternative Gesellschaftsentwürfe offenen Menschen.
- **Beeinflussung durch Medien:** Die Journalisten als Vertreter von Meinungen, die jenen der „schweigenden Mehrheit" oft nicht entsprechen, beeinflussen und verschieben die Werteorientierungen breiter Bevölkerungskreise u. a. dadurch, daß eine Mehrheit dort vermutet wird, wo die veröffentlichte Meinung sie zu plazieren sucht.

Diese Liste denkbarer Ursachen ließe sich fortsetzen. Die soeben genannten und empirisch mehr oder weniger gut belegten Teilursachen dürfen allerdings in ihrer faktischen Bedeutung für den Wandel der Werteorientierungen höchst unterschiedlich sein. Einige sind, was ihre Relevanz betrifft, ohnehin umstritten. Die Liste gibt dennoch einen Eindruck von der Vielfalt der Wirkungsgrößen und läßt von vornherein ein monokausales Modell als sehr unwahrscheinlich erscheinen.

3.8 Wertung des Wandels

Es ist schwer, über den Wandel der Werteorientierungen zu sprechen, ohne selbst wertend Stellung zu nehmen. Dies verwundert nicht, denn Werte sind ichnah in der Persönlichkeit verankert und bieten Lebensorientierung. Wenn sie aufhören, eine gesellschaftliche Selbstverständlichkeit zu sein oder auch nur in Ansätzen relativiert werden, so fühlt sich mancher zur Verteidigung ihm wesentlicher Prinzipien aufgerufen. Diskussionen über die Interpretation von Daten wandeln sich so rasch zu einer affektiven Schlacht um inhaltliche Positionen.

Auch in den Sozialwissenschaften werden – wenn auch die Debatte meist moderat geführt wird – kontroverse Positionen bezogen, die sich keineswegs allein auf Methodisches und somit die Erhebung und Interpretation der Daten beschränken, sondern zu einer mitunter recht schroffen inhaltlichen Polemik führen (*Noelle-Neumann/ Strümpel*, 1984).

Zwei relativ extreme, einander entgegengesetzte Grundpositionen seien knapp angesprochen. Führt man Gedanken von *Bell* (1976) weiter, so könnte man in pessimistischer Weise vermuten, daß innerhalb der Wohlstandsgesellschaft jene Motive unterminiert werden, aus denen die Leistungsgesellschaft und mit ihr der Wohlstand für viele erwachsen ist. Wohlstand ist es, der die Pflicht- und Akzeptanzwerte zurückgehen läßt, womit sich die Wohlstandsgesellschaft im Sinne einer negativen Rückkopplungsschleife die Wurzeln zernagt, die sie nähren. Die Wohlstandsgesellschaft zerstört sich über den Wertewandel selbst.

Eine eher positive und optimistische Sicht ließe sich aus Überlegungen von *Parsons* (1976) ableiten: Der in der Gesellschaft beobachtbare Wandel natürlicher, gesellschaftlicher und wirtschaftlicher Gegebenheiten macht Korrekturen erforderlich. Sich entwickelnde Werthaltungen einzelner sensibler Innovatoren wirken als Frühwarnsystem und begünstigen Verhaltensweisen, die dann als Korrektiv zu interpretieren sind. Wenn z. B. die natürlichen Grundlagen des Lebens auf der Erde gefährdet zu sein scheinen, sind Personen mit alternativem Engagement und ökologischer Orientierung für den Fortbestand der Gesellschaft wünschenswert, da sie einer Vereinseitigung der Lebensauffassungen entgegenwirken, die die weitere Zerstörung begünstigen. Ökologische Bürgerinitiativen oder gar politische Parteien mit neuem Programm sind in diesem Sinne als organisiertes Korrektiv zu den erstarrten Grundpositionen herkömmlicher Parteien zu interpretieren, die auf dem „Umweltauge blind" sind. Der Wertewandel wäre in diesem Sinne eine rechtzeitige Korrektur von Fehlentwicklungen und sicherte den Bestand des Systems auf verändertem Niveau.

3.9 Folgen und Konsequenzen für die Entwicklung von Arbeit

Berufliche Arbeit kann als eigenständiger Wert („Arbeit ist der Sinn des Lebens"), aber auch als Mittel zum Zweck, als „zielstrebige Auseinandersetzung mit der Umwelt zum Zwecke der Daseinsvorsorge" (*Fürstenberg*, 1975), verstanden werden.

Abb. A.3.6: Wandel der Arbeitsmoral in Deutschland am Beispiel der Unter-30jährigen

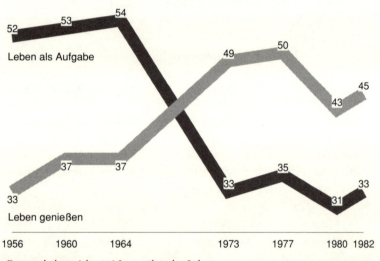

„Es unterhalten sich zwei Leute über das Leben.
Der erste sagt:
‚Ich betrachte mein Leben als eine Aufgabe, für die ich da bin und für die ich alle Kräfte einsetze. Ich möchte in meinem Leben etwas leisten, auch wenn das oft schwer und mühsam ist.'
Der zweite sagt:
‚Ich möchte mein Leben genießen und mich nicht mehr abmühen als nötig. Man lebt schließlich nur einmal, und die Hauptsache ist doch, daß man etwas von seinem Leben hat.'"

Quelle: *Noelle-Neumann/Strümpel*, 1984

3.9 Folgen und Konsequenzen für die Entwicklung von Arbeit   23

Abb. A.3.7: Gewandelte Ansprüche an die Berufsarbeit

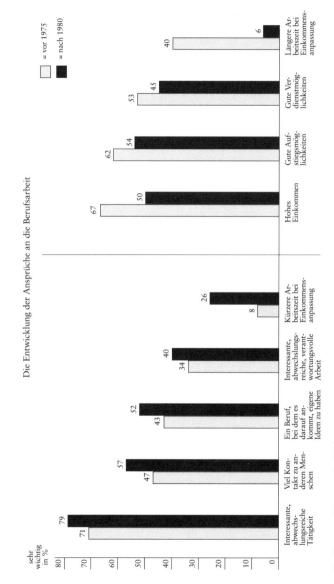

Quelle: *von Rosenstiel, 1992*

Betrachtet man Arbeit als eigenständigen Wert, so haben sich auch hier die Orientierungen in der Phase des besonders raschen Wandels nachhaltig verschoben (*Noelle-Neumann/Strümpel*, 1984). Dies sei am Beispiel demonstriert: Der Anteil jener, die das Leben eher als Aufgabe interpretieren, ist deutlich zurückgegangen zugunsten jener, die das „Leben genießen wollen", wie Abbildung A.3.6 (S. 22) zeigt.

Es wird lebhaft darüber gestritten, wie diese und ähnliche Daten zu interpretieren sind (*Noelle-Neumann/Strümpel*, 1984). Die pessimistische Sicht geht dahin, daß die „Arbeitsmoral" der Deutschen nachhaltig gesunken sei, während die Gegenposition sich so darstellen läßt, daß die Bereitschaft zur Arbeit dann sehr wohl gegeben ist, wenn die Arbeit jene Ansprüche zu erfüllen verspricht, die sich aus dem Wandel der Werteorientierungen ergeben haben. Und diese Ansprüche an die Arbeit haben sich zweifellos verändert und in relevanten Bereichen erhöht, wie Abbildung A.3.7 (S. 23) zeigt.

Aus diesen und anderen Ansprüchen an die Arbeit lassen sich nun Konzepte der Organisations-, Arbeits- und Anreizgestaltungen ableiten, die geeignet erscheinen, eine erlebte Qualität der Arbeit zu sichern, die veränderten Ansprüchen entspricht. Ein sehr konkretes Beispiel für derartige Vorgehensweisen ist die sogenannte Werteorientierte Personalpolitik des Hauses BMW, die in der Fachliteratur häufig dargestellt wurde (z. B. *Bihl*, 1993). Derartige Maßnahmen tragen z. B. dazu bei, Selbständigkeit und Individualität im Unternehmen zu erhöhen, Information und Kommunikation zu steigern, mehr Freizeit zu ermöglichen, innerhalb und außerhalb des Betriebs Selbstverwirklichungschancen zu bieten, freie Meinungsäußerung zu sichern, den sozialen Nutzen von Arbeit erkennen zu lassen etc. Dies allerdings erfordert nicht nur eine veränderte Informationspolitik im Unternehmen, sondern auch modifizierte Arbeits- und Organisationsstrukturen.

Drei inhaltliche Bereiche, die eng mit der beruflichen Arbeit assoziiert sind, wurden sehr lebhaft diskutiert und unter vielerlei Perspektiven empirisch untersucht: Technik, Wirtschaftswachstum, Arbeitszeit.

Auf dem Felde der sogenannten Technikakzeptanz spielten die Antworten zu einer sogenannten Bilanzfrage über die Folgen der Technik eine erhebliche Rolle. Die Befunde sind in Abbildung A.3.8 wiedergegeben.

In der öffentlichen Diskussion solcher Daten ist schnell die These von der sogenannten Technikfeindlichkeit der Deutschen aufgekom-

3.9 Folgen und Konsequenzen für die Entwicklung von Arbeit 25

Abb. A.3.8: Technik – Segen oder Fluch?

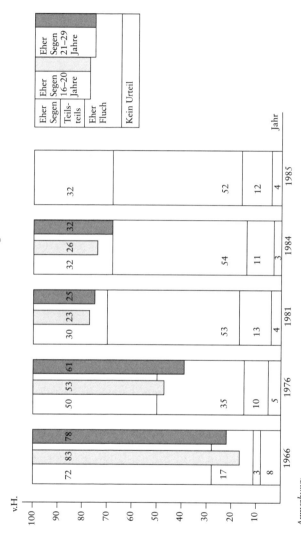

Anmerkung:
Die Frageformulierung lautete: „Glauben Sie, daß die Technik alles in allem eher ein Segen oder ein Fluch für die Menschen ist?"
(Allerdings bestehen Unklarheiten hinsichtlich der Vorgaben zur Antwortkodierung für die Interviewer!)

Quelle: *von Rosenstiel*, 1993, S. 65 nach *Institut für Demoskopie Allensbach*, verschiedene Darstellungen und Tabellen

men. Differenziertere Analysen (*Jaufmann/Kistler*, 1988) lassen diese Aussage als Vorurteil zusammenbrechen. Vielfältige Differenzierungen und Relativierungen sind erforderlich, die dann zeigen, daß im internationalen Vergleich und unter dem Aspekt der Technikakzeptanz der Standort „Deutschland" nicht gefährdet ist. Dennoch bleibt unstrittig, daß eine Phase relativer Technikeuphorie einer kritischen Technikskepsis gewichen ist, die insbesondere gesellschaftliche Akzeptanzprobleme bei der Großtechnik erwarten läßt.

Ebenfalls mit Skepsis wird ökonomisches Wachstum gesehen. Dieses wird zwar nur selten als eigenständiger Wert betrachtet, doch sind es die angesichts des Wandels der Werteorientierungen feststellbaren Veränderungen in den wahrgenommenen Instrumentalitäten, die zu denken geben (*v. Rosenstiel/Stengel*, 1987; *v. Rosenstiel*, 1993). Abbildung A.3.9 verdeutlicht dies.

Man erkennt in den hier vorliegenden nicht repräsentativen Befunden, die als Extremgruppenvergleich gelten können, daß „gestandene" Führungskräfte der Wirtschaft im wirtschaftlichen Wachstum den Weg zu geringerer Umweltbelastung, zu verbesserten Arbeitsbedingungen und zum sozialen Frieden sehen, während Hochschulabsolventen, d. h. fachlich qualifizierte junge Menschen, die als potentielle Führungskräfte interpretierbar sind, eine gegenteilige Meinung äußern. Überraschen kann dies – folgen wir der Argumentation von *Strümpel* (1985, S. 1) – nicht: „Wohl keine Nation hat in der jüngeren Geschichte ihr Selbstbewußtsein so sehr aus wirtschaftlichen Erfolgen bezogen wie die Deutschen. In der Nachkriegszeit kam die Steigerung des Sozialprodukts einer nationalen Aufgabe gleich. Millionen hungerten und froren sich durch den Winter, Bombenruinen waren durch Wohnbauten zu ersetzen. Landwirte, Bergleute, Maurer und Bauarbeiter – dies waren die Helden der ersten Stunde. Heute produzieren Landwirte für Butterberge, Bergleute auf Kohlehalden; wir haben sogar Wohnungshalden und Neubauruinen. Die Steigerung der Produktion wird für die Umweltzerstörung verantwortlich gemacht."

Auch bei der Analyse der Einstellung zur Arbeit ist Differenzierung erforderlich. Die Mehrheit ist nicht bereit, trotz gestiegener Freizeitansprüche Arbeitszeitreduzierungen unter der Bedingung in Kauf zu nehmen, daß die Löhne bzw. die Gehälter angepaßt werden. Ihnen erscheinen andere, flexiblere Arbeitszeitmodelle interessant, was z. B. an der hohen Akzeptanz des Arbeitszeitmodells von BMW deutlich wird, innerhalb dessen jeder in der Produktion und im produktionsnahen Bereich viermal in der Woche je 9 Stunden arbeitet. Eine

3.9 Folgen und Konsequenzen für die Entwicklung von Arbeit

Abb. A.3.9: Die wahrgenommenen Folgen wirtschaftlichen Wachstums (in %)*

	Führungsnachwuchskräfte (Studenten)	Führungskräfte (1982–1986)	Führungskräfte (1987–1991)
Es unterhalten sich zwei Leute über wirtschaftliches Wachstum. Der erste sagt: „Nur bei weiterem wirtschaftlichem Wachstum haben wir genügend finanzielle Mittel, um die Umweltbelastung verringern zu können." Der zweite sagt: „Wenn wir weiteres wirtschaftliches Wachstum haben, führt dies zu stärkerer Umweltbelastung. Daran ändern auch höhere Ausgaben für Umweltschutz nichts." Was würden Sie persönlich sagen – wer von den beiden hat eher recht, der erste oder der zweite?			
☐ Der erste	18,9	32,5	33,2
☐ Der zweite	43,8	50,7	50,1
☐ Keiner von beiden	37,3	16,2	15,0
Es unterhalten sich zwei Leute über wirtschaftliches Wachstum. Der erste sagt: „Weiteres wirtschaftliches Wachstum mit seiner Notwendigkeit, immer mehr zu produzieren, macht die Arbeit in unserer Gesellschaft immer eintöniger und belastender." Der zweite sagt: „Weiteres wirtschaftliches Wachstum wird bei uns auch die Arbeitsbedingungen verbessern. Bessere Arbeitsplätze kosten Geld, das die Wirtschaft nur bei Wachstum verdienen kann." Was würden Sie persönlich sagen – wer von den beiden hat eher recht, der erste oder der zweite?			
☐ Der erste	34,4	9,0	6,4
☐ Der zweite	30,6	72,8	73,3
☐ Keiner von beiden	35,0	17,7	19,8
Es unterhalten sich zwei Leute über wirtschaftliches Wachstum. Der erste sagt: „Weiteres wirtschaftliches Wachstum sichert den sozialen Frieden, weil der Kuchen jedes Jahr größer wird, der zu verteilen ist." Der zweite sagt: „Weiteres wirtschaftliches Wachstum führt zu sozialen Konflikten, weil Wachstum die Menschen immer mehr materialistischer macht. Dann wachsen die Ansprüche schneller als der Kuchen, der zu verteilen ist." Was würden Sie persönlich sagen – wer von den beiden hat eher recht, der erste oder der zweite?			
☐ Der erste	17,9	87,0	83,3
☐ Der zweite	48,1	3,2	3,3
☐ Keiner von beiden	34,0	9,0	12,7

Quelle: *von Rosenstiel*, 1993, S. 66
* Wegen fehlender Antworten summieren sich die Zahlen nicht immer auf 100%.

nicht ganz kleine Minderheit (*Prenzel/Strümpel*, 1990) ist allerdings sehr wohl bereit, Teilzeitarbeit bei entsprechend reduziertem Gehalt zu leisten, und zwar gilt das besonders für qualifizierte Personen. Diesem Bedarf steht bislang kein entsprechendes Angebot gegenüber. Abweichungen von der „8-Stunden-Normalpackung" sind ausgesprochen selten.

Aus den gewandelten Werteorientierungen bzw. arbeitsbezogenen Einstellungen können sich für das gesamte politische System, aber auch für die Unternehmen, Akzeptanzprobleme ergeben (*Strümpel/Dierkes*, 1993), wenn nicht Strukturen systematisch umgestaltet werden. Der Wandel bietet allerdings für die Unternehmen mit Blick nach innen und nach außen durchaus Chancen (*v. Rosenstiel/Djarrahzadeh/Einsiedler/Streich*, 1993), wofür in der Zwischenzeit vielfältige Beispiele vorliegen.

4. Konsequenzen für die Personalarbeit

Wer sich mit strategischen Konzepten oder operativen Maßnahmen der Personalpolitik auseinandersetzt (*Wollert/Bihl*, 1983), wird kaum am Phänomen des Wertewandels achtlos vorbeigehen können. Er fordert auf den Gebieten der Personalselektion und der Personalentwicklung zu aktivem Handeln heraus (*v. Rosenstiel*, 1989; *v. Rosenstiel/Nerdinger/Spieß/Stengel*, 1989). Hier ist zunächst die grundsätzliche Frage zu stellen, ob jene Werte, die sicherlich nicht bei allen – die interpersonale Streuung ist ja groß – aber bei zunehmend vielen jüngeren Personen beobachtet werden können, innerhalb der Organisation langfristig wünschenswert erscheinen oder nicht. Wenn sich z. B. in einer Jugendstudie (*Deutsche Bank*, 1988) zeigt, daß Karriere, Leistungswille oder Erfolg zwar keine Negativbegriffe sind, aber dennoch die Arbeit keineswegs als eine Pflicht verstanden wird, sondern der Anspruch an diese gestellt wird, daß sie Spaß zu machen habe und zudem flexibel mit Phasen der Freizeit und des Genusses wechseln solle, so ist es eben eine Grundsatzentscheidung der Unternehmensführung, ob man mit so charakterisierten Mitarbeitern arbeiten und leben möchte oder nicht.

Grundsätzlich bestehen zwei voneinander getrennte Wege der Personalarbeit, auf Veränderungen zu reagieren, die nicht unabhängig voneinander sind:
– Arbeit an und mit Menschen im Sinne der Personalentwicklung,
– Arbeit am betrieblichen Umfeld der Menschen.

4. Konsequenzen für die Personalarbeit

Beide Maßnahmen aber sind letztlich – wie das Beispiel der in diesem Buch dargestellten werteorientierten Personalarbeit zeigt – dem gleichen Ziel verpflichtet: nämlich die Kluft zwischen dem einzelnen und der Organisation zu überbrücken.

Zwischen dem Individuum und der Organisation besteht grundsätzlich ein Konflikt, der oft erlebt, aber immer gelebt wird. *Argyris* (1957) hat ihn häufig beschrieben. Die Organisation fordert – um ihre Ziele erreichen zu können – vom einzelnen Unterordnung, Anpassung, Sich-Fügen in standardisierte Formen und Abläufe. Der einzelne sucht individuelle Regelungen, will selbstbestimmt handeln und autonom sein. Es mag nun innerhalb der gesellschaftlichen Entwicklung Phasen geben, in denen dieser Konflikt reduziert erscheint, während er in anderen verschärft wird. Der Wandel der Werteorientierungen in den sechziger und siebziger Jahren dürfte eher zu einer Verschärfung beigetragen haben. Das ist plausibel und sei am Beispiel erläutert: Wenn der Wert „Gehorsam" in deutlicher Weise zurückgegangen ist, der der „Selbständigkeit" aber geradezu dramatisch angestiegen ist und wenn man zugleich davon ausgeht, daß in nahezu allen Organisationen das Prinzip der Hierarchie und der Unterordnung sowohl als Struktur- als auch als Verhaltensmerkmal eine bedeutsame Rolle spielt, so sind vermehrt Führungs- und Autoritätskrisen zu erwarten. Den „gewandelten Werten" der jüngeren Mitarbeiter stehen die „erstarrten Strukturen" der Organisation gegenüber (*v. Klipstein/Strümpel*, 1985).

Dies läßt sich auch auf anderen Gebieten zeigen. In eigenen Untersuchungen (*v. Rosenstiel/Stengel*, 1987) befragten wir Führungs- und Führungsnachwuchskräfte, welche Ziele – ihrer Auffassung nach – die großen Organisationen der Wirtschaft anstreben (Ist-Ziele) und welche sie anstreben sollten (Soll-Ziele). Die in Abbildung A.4.1 (S. 30) verkürzt wiedergegebenen Ziele sind
- wirtschaftliches Wachstum,
- Erhaltung der Umwelt,
- Förderung der Persönlichkeitsentfaltung ihrer Mitarbeiter,
- Entwicklung der „Dritten Welt",
- Sicherung von Arbeitsplätzen,
- Steigerung des Gewinns,
- Förderung des technischen Fortschritts,
- Stabilisierung unserer Wirtschaftsstruktur.

Es wird deutlich erkennbar, daß für beide Gruppen – die Führungskräfte und die Führungsnachwuchskräfte – eine Diskrepanz zwischen den Ist- und Soll-Zielen besteht. Beide Gruppen sind sich hin-

A.4 Konsequenzen für die Personalarbeit

Abb A.4.1: Wie Führungs- und Führungsnachwuchskräfte die Ziele der Unternehmen wahrnehmen (Ist) und welche sie sich wünschen (Soll)

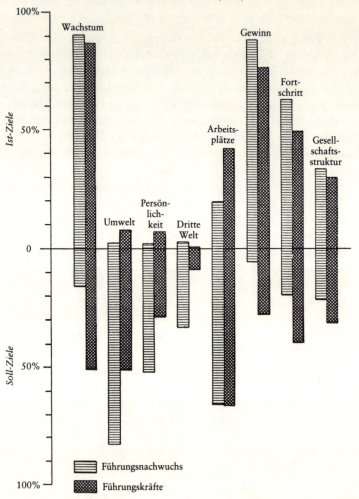

Quelle: v. *Rosenstiel/Nerdinger/Spieß/Stengel*, 1989, S. 27

sichtlich der Ist-Ziele der Organisationen relativ einig. Es gehe diesen, so meinen sie, in erster Linie um Gewinn, Wachstum und technischen Fortschritt. Aber dies sollte nicht so sein; die Unternehmen werden indirekt aufgefordert, dem Umweltschutz und der Sicherung von Arbeitsplätzen höhere Bedeutung beizumessen. Plausiblermaßen fällt die Diskrepanz zwischen Ist- und Soll-Zielen bei Führungskräften geringer aus als bei Führungsnachwuchskräften aus. Jene Ziele, die als Ist-Ziele der Organisationen wahrgenommen werden, entsprechen den alten „materialistischen Werten", während die präferierten Soll-Ziele den „postmaterialistischen Werten" *Ingleharts* (1977) entsprechen. Man darf folgern, daß bei jenen Personen, bei denen wahrgenommene Ist- und Soll-Ziele der Organisationen einander entsprechen, die Bereitschaft, sich mit der Organisation zu identifizieren, größer ist als bei solchen, bei denen hohe Diskrepanzen bestehen. Hier darf man eine geringe Karrierebereitschaft und im Ansatz eine „Identifikationskrise" (*v. Rosenstiel/Stengel*, 1987) vermuten. Den Organisationen kann entsprechend geraten werden, entweder ihr Zielsystem zu korrigieren oder aber bei den Mitarbeitern für das Zielsystem zu werben, das nicht geändert werden soll oder kann.

Das soeben Ausgeführte gilt keineswegs nur für die Ziele, sondern auch für vielfältige andere Werte, die gewissermaßen „geronnen" in die Strukturen und Prozesse der Organisationen eingegangen sind. *Klages* (1984) hat in seinem umfassenden Überblick die Werte, die rückläufig sind – die Pflicht- und Akzeptanzwerte – jenen gegenübergestellt, die an Bedeutung gewonnen haben – den Selbstentfaltungswerten. Ordnet man ein wenig pointiert und polemisch die wichtigsten dieser Werte zum einen den ungeschriebenen Normen und Erwartungen der Organisationen, zum anderen den Präferenzen der jüngeren Mitarbeiter zu, so ergibt sich ein Bild, wie es Abbildung A.3.2 (S. 12) bereits verdeutlichte.

Die Tabelle weist auf den verschärften Konflikt zwischen Individuum und Organisation hin. Geht man nun zum einen davon aus, daß es wünschenswert erscheint, diesen Konflikt zu reduzieren und daß zum anderen viele der genannten Selbstentfaltungswerte, die bei den Individuen an Bedeutung gewonnen haben, den künftigen aus den Aufgaben erwachsenen Anforderungen entsprechen (*Schmidtchen*, 1984), so gilt es, diesen Werten in den Organisationen eine Chance zu geben. Erreicht werden könnte dies durch aufeinander abgestimmte Maßnahmen der Personal- und Organisationsentwicklung.

5. Personalentwicklung

Unter dem Aspekt der Werte ist vor allem an zwei Entwicklungsmaßnahmen zu denken:
– Betriebliche Werteerziehung in dem Sinne, daß den (neu eingestell-

ten) Mitarbeitern jene Werteorientierungen im Zuge der Sozialwerdung und Sozialmachung (*Fend*, 1969) vermittelt werden, die mit der Kultur des Unternehmens in Übereinstimmung stehen.
- Individuelle Kompetenzerhöhung in dem Sinne, daß den Personen jene Verhaltenssicherheit vermittelt wird, die inhaltlich ihren neuen Ansprüchen und Werteorientierungen entspricht.

Dieser letztgenannte Punkt soll nun ein wenig vertieft werden.

Der an dieser Stelle zentrale Grundgedanke noch einmal: Die Orientierungspunkte, die Präferenzen, haben sich bei vielen, wenn auch keineswegs allen jüngeren Personen geändert. Diesen neuen Präferenzordnungen entsprechen in keiner Weise die Verhaltenskompetenzen. Die Werteorientierungen können vielfach nicht gelebt werden. Dort, wo diese Orientierungen mit den zu vermutenden künftigen Anforderungen der Organisationen übereinstimmen, sollte die Personalentwicklung darauf hinwirken, daß die einzelnen die Kompetenz entwickeln und steigern, mit ihrer Werteorientierung authentisch zu leben. Dies sei exemplarisch und stichworthaft skizziert (vgl. *v. Rosenstiel*, 1991).

5.1 Selbstbestimmung

Mitarbeitern sollte in offener und nicht manipulativer Weise die Möglichkeit gegeben werden, verschiedene Einsatzbereiche in der Organisation zu erproben. Sie sollten Feedback darüber bekommen, wie sie sich in den verschiedenen Feldern bewähren, wobei Assessment-Center-Verfahren als zusätzliche Basis für Beratungsinformationen hinzukommen können. Aufgrund dieser Ratschläge sollte dann der einzelne so weit wie möglich seine Laufbahn selbst planen können, entscheiden können, ob ihm z. B. eine Fach- oder Linienlaufbahn eher liegt, ob er sich verstärkt mit Dingen oder mit Personen auseinandersetzen möchte etc. Den Wunschvorstellungen des einzelnen entsprechend sollte dann Kompetenz durch gezielte Maßnahmen entwickelt werden.

5.2 Individualität und Entfaltung

Der Anspruch, sich seiner Individualität gemäß in der Tätigkeit entfalten zu können, ist häufig größer als die entsprechende Fähigkeit. Hier sollten Mitarbeitergespräche mit dem Vorgesetzten, Coaching durch ihn, ein adäquates Selbstbild vermitteln und eine realistische Basis dafür liefern, eigene Möglichkeiten bei neuen Aufgaben oder innerhalb der Projektgruppenarbeit kennenzulernen, selbstkritisch Schwächen zu erkennen und zu einer realistischen Einschätzung individueller Stärken, Entwicklungsmöglichkeiten und Grenzen zu gelangen.

5.3 Kreativität

Rasch wechselnde Marktgegebenheiten, sich daraus ergebende neue Aufgabenstellungen, die mit Hilfe innovativer Techniken und Verfahrensweisen bewältigt werden sollen, fordern und fördern die Kreativität des einzelnen. Personalentwicklung sollte dem Mitarbeiter hier aufgabenbezogen möglichst arbeitsplatznah Hilfe geben und ihm durch Nutzung bewährter Kreativitätstechniken Problemsensibilität, gedankliche Risikobereitschaft und schließlich Kontrollfähigkeit eigenen Ergebnissen gegenüber vermitteln. Verstärkt werden sollten die Motivation, neue Wege zu gehen, sowie die Selbstsicherheit, sich mit den Folgen eigenständigen Denkens, die ja häufig eine Kritik an anderen implizieren, notfalls auch unbeliebt zu machen.

5.4 Emotionalität

Gerade die Zweckrationalität moderner Organisationen aktiviert Gegenkräfte bei vielen Mitarbeitern, die – speziell in der „Wendezeit" – in erhöhtem Maße dem Leben der Emotionalität auch im beruflichen Bereich das Wort reden. Sich auf eigene und fremde Emotionalität einzulassen, muß jedoch gelernt werden; Gefühlsregungen bei sich selbst wahrzunehmen, aufkommende oder sich wandelnde Stimmungen adäquat zu beschreiben, den emotionalen Ausdruck des anderen erkennen und sensibel darauf antworten zu können – all dies ist lernbar und eröffnet der Personalentwicklung in den Betrieben gänzlich neue Felder, innerhalb derer erhebliche psychologische und pädagogische Kompetenz der Trainer und der Vorgesetzten gefordert ist.

5.5 Kommunikation

Steigende Aufgabenkomplexität, das Erkennen der Nebenwirkungen von Prozessen und die Vernetzung von Arbeitsfeldern fordern vermehrte Kommunikation. Die meisten Berufstätigen sind in inhaltlichen Fachgebieten mehr oder weniger gut ausgebildet, z. B. als Facharbeiter, Techniker, Ingenieure, Naturwissenschaftler oder

Wirtschaftswissenschaftler. Nicht ausgebildet sind sie darin, über diese Inhalte mit anderen so kommunizieren zu können, daß sie diese, speziell wenn sie einem anderen Fach angehören, auch verstehen können. Kommunikation auf der Sachebene muß trainiert werden. Dazu allerdings muß das Umgehen mit der Beziehungsebene treten. Gerade in einer Zeit, in der die direkte Kommunikation zunehmend durch Kommunikationstechniken verdrängt wird, nimmt der Wunsch nach zwischenmenschlichem Kontakt zu. Informelle Beziehungen, authentisches Miteinander-Sprechen werden zu Bereichen der Sehnsucht, zu Nischen des Menschlichen im dichter werdenden Netzwerk der Kommunikationstechnik. Der Umgang mit dem Informellen in einer den anderen erreichenden und nicht verletzenden Weise muß jedoch erprobt und mit der eigenen beruflichen Rolle in Übereinstimmung gebracht werden.

5.6 Sinngebung

Die zunehmende Bildung jüngerer Berufstätiger, die in Schule und Hochschule erworben wurde, einerseits und die Janusköpfigkeit moderner Produktionsmittel, Produktionsvollzüge und Produktionsergebnisse andererseits fordern Sinngebung, Deutung. Ein zunehmend wichtiger Teil künftiger Personalentwicklung wird darin bestehen, Menschen zu lehren, mit Ambiguität zu leben, das Widersprüchliche zu ertragen und ihm Sinn geben zu können. Wer künftig Führungsaufgaben übernehmen soll, wird darüber hinaus zu lernen haben, wie er anderen Sinn vermittelt, Deutemuster entwirft und befähigt wird zu symbolischem Management.

5.7 Gleichgewichtsethik

Die Bedeutung der Freizeit ist – gefördert durch strukturale Veränderungen in der Arbeitswelt – im Zuge des Wertewandels gestiegen; die Arbeit hat zwar ihre Bedeutung nicht verloren, doch wird sie zunehmend weniger aus einer Pflichtethik heraus geleistet, sondern deshalb, weil sie befriedigt, Spaß macht oder gar Chancen der Selbstentfaltung bietet. Fehlen ihr diese Attribute, so wird sie den gestiegenen Ansprüchen nicht mehr gerecht; dann ist ein Absinken der Arbeitsmoral die Folge. Immer mehr Menschen suchen die Gleichgewichtsethik (*Noelle-Neumann/Strümpel*, 1984), den Ausgleich zwischen Freizeitinteressen und den Anforderungen aus der Arbeitswelt. Lernen muß man es jedoch, mit diesen Welten so zu leben, daß sie sich nicht feindlich gegenüberstehen; lernen sollte man auch, Anregungen aus dem privaten Lebensbereich in die Arbeit zu übertragen und aus der Arbeit wiederum Wissen und Kompetenzen in den verschiedenen Feldern der Nicht-Arbeit zu nutzen. Im Unternehmen gilt es, Rollenkonzepte zu entwickeln und akzeptabel zu machen, die einerseits das engagierte Arbeiten an der Aufgabe und pünktlich nach Dienstschluß das ebenso begeisterte Eintauchen in gänzlich andere Felder zulassen. Der Mitarbeiter sollte lernen, daß dies auch akzeptiert wird, und die Vorgesetzten sollten dem dadurch eine Basis geben, daß sie auch in einem solchen Mitarbeiter ein gutes Teammitglied erkennen können, der, wenn seine Ziele erreicht sind, am Freitagnachmittag um 14.00 Uhr in den wartenden Campingbus steigt, der ihn gemeinsam mit der Familie zu seinen Hobbys bringt. Die Vorgesetzten sollten ebenfalls lernen, zu solchen Mitarbeitern eine positive Grundeinstellung zu entwickeln, die freiwillig auf einen Teil ihrer Arbeitszeit und auf einen Teil ihres Einkommens verzichten, um als Teilzeitarbeitskräfte einen Ausgleich zwischen verschiedenen Lebensinteressen zu finden (*Strümpel/Prenzel/Scholz/Hoff*, 1988). Der Umgang mit Lebensentwürfen, die mehrere Zentren haben, muß gelernt werden, und speziell Vorgesetzte, die es bislang gewohnt waren, in der Arbeit den einzigen Inhalt des eigenen Lebens und des Lebens ihrer Mitarbeiter zu sehen, müssen hier umlernen und zum Ausdruck bringen können, daß sie die Lektion begriffen haben.

6. Strukturentwicklung

Ein grundsätzlich anderer Weg betrieblichen Antwortens auf den Wertewandel besteht darin, die Strukturen den gewandelten Werteorientierungen der Mitarbeiter anzupassen. Die Werteorientierungen deuten ja an, was den Menschen wichtig ist, was zu Zielen ihres motivierten Handelns wird. Betriebliche Anreize, die gewünschtes Verhalten aktivieren sollen, müssen dem entsprechen, was wünschenswert ist. Wenn sich dieses Wünschenswerte im Laufe der Zeit wandelt, müssen auch die Anreizsysteme neu konzipiert werden.

Ein besonders prominentes Beispiel dafür, wie sowohl der Aspekt der Personalentwicklung als auch jener der Strukturentwicklung in der betrieblichen Personalarbeit Berücksichtigung finden kann, hat BMW mit seiner Werteorientierten Personalpolitik gegeben, die jetzt seit über 10 Jahren im Feuer der praktischen Bewährung steht und an deren kontinuierlicher Weiterentwicklung der Autor dieses Buches, *Gerhard Bihl*, von Anfang an mitgearbeitet hat. Dieses Kon-

zept ist viel diskutiert und auch mehrfach kritisiert worden. Natürlich läßt es manche Fragen offen, wie z. B.:
- Was soll man tun, wenn verschiedene Mitarbeitergruppen ganz unterschiedliche Werteorientierungen haben?
- Woraus leitet sich das Recht ab, von den allgemeinen Werteentwicklungen auf die innerbetrieblichen Präferenzen einer spezifisch ausgewählten Teilpopulation zu schließen?
- etc.

Dennoch, das Konzept der „Werteorientierten Personalpolitik" enthält so viel Anregendes, eine solche Fülle konkreter zukunftsweisender Handlungsbeispiele für strukturale und personale Maßnahmen, daß das hier vorliegende Buch der starken Beachtung aller empfohlen sei, die Verantwortung für Mitarbeiter tragen.

B. Strategie und Umsetzung der werteorientierten Personalpolitik

1. Die Vision einer langfristigen personalpolitischen Strategie

Unser Wirtschaftssystem lebt von der Fähigkeit zur Innovation. Die damit verbundene Herausforderung umfaßt nicht nur die Innovation auf technischen Gebieten. Vielmehr müssen wir neue, bessere und effizientere Lösungen auf allen unternehmenspolitischen Gebieten gleichermaßen finden.

Die Notwendigkeit innovativer, zeitgemäßer Lösungsansätze gilt auch und insbesondere für die Personalpolitik. Dabei definieren wir die Personalpolitik als eine Gestaltungsfunktion, die das Entwickeln von Systemen, Konzepten und Instrumenten für die praktische Personalarbeit zur Aufgabe hat.

In den siebziger und in vielen Unternehmen auch noch in den achtziger Jahren umfaßte die Personalpolitik eine Vielzahl von Einzelmaßnahmen und -instrumenten, die für die verschiedenen Themenfelder des Personalwesens je nach Bedarf und in der Regel eher kurz- und mittelfristig orientiert entwickelt wurden.

Diese seinerzeit übliche traditionelle Form der Personalpolitik hatte unter den damaligen Rahmenbedingungen durchaus ihre Berechtigung und führte auf einigen Gestaltungsfeldern der Personalarbeit unbestritten zu Erfolgen.

Dennoch spürten wir Anfang der achtziger Jahre bei BMW zunehmend den Wunsch nach einem schlüssigen, gesamthaften personalpolitischen Konzept, das insbesondere die langfristigen, strategischen Aspekte der Personalpolitik stärker in den Vordergrund stellen sollte.

Aus diesem Wunsch entwickelte sich die Vision, bei der Gestaltung unserer Personalpolitik den gesellschaftlichen Wertewandel als Ausgangspunkt der konzeptionellen Überlegungen zu wählen. Die Werteveränderungen des gesellschaftlichen Umfeldes wurden zur Grundlage der langfristigen personalpolitischen Strategie.

Als Ergebnis wurde Ende 1983 bei BMW mit der „Werteorientierten Personalpolitik" ein Konzept verabschiedet, das erstmals die gesellschaftlichen Werte und Werteveränderungen konsequent bei der Gestaltung aller personalpolitischen Grundfragen berücksichtigte.

1983 haben wir nicht nur das Konzept der werteorientierten Personalpolitik verabschiedet, sondern gleichzeitig mit dem Aufbau des neuen BMW-Werkes in Regensburg begonnen. Was lag also näher, als dieses neue Konzept als Grundlage für die Gestaltung der Personalarbeit im Werk Regensburg zu wählen? Somit wurde der Aufbau des neuen Produktionswerkes in Regensburg zur „Nagelprobe" unserer personalpolitischen Strategie auf dem Prüfstand praktischer Personalarbeit. Heute, mehr als zehn Jahre später, ist es an der Zeit, eine Bestandsaufnahme vorzunehmen.

Sie umfaßt vier Teile:
– einen **Rückblick** auf den Ursprung und die Grundgedanken der werteorientierten Personalpolitik,
– deren **Umsetzung** in der praktischen Personalarbeit,
– die **Entwicklung** der werteorientierten Personalpolitik als Eckpfeiler der Unternehmenskultur,
– einen **Ausblick** auf neue Herausforderungen und Ziele auf dem Weg ins Jahr 2000.

2. Die Entwicklung einer werteorientierten Personalpolitik

Auch und gerade bei der Gestaltung einer werteorientierten Personalpolitik müssen die allgemeinen Zielsetzungen unserer Personalarbeit Berücksichtigung finden.

2.1 Ziele der Personalarbeit

Die Ziele des Unternehmens werden durch Menschen verwirklicht. Daraus ergibt sich als Grundfunktion der Personalpolitik, die **Ziele von Mitarbeitern und Unternehmen zu integrieren.**

Bei der Gestaltung der Personalpolitik sind also primär jeweils zwei Orientierungspunkte zu berücksichtigen:
– das Unternehmensinteresse, das heißt die Wirtschaftlichkeit, Produktivität und Kostenauswirkung aller personalpolitischen Maßnahmen,
– die Orientierung an den Bedürfnissen, Interessen und Wertvorstellungen der Mitarbeiter.

Interessant ist – und dies wird häufig verkannt –, daß beide Aspekte im Grunde untrennbar miteinander verbunden sind.

These:
Die Mitarbeiterorientierung der Personalpolitik sichert die Wirtschaftlichkeit des Unternehmens, denn auf Dauer wird eine Personalpolitik, die nicht mitarbeiterorientiert ist, immer zu negativen Kostenauswirkungen führen und damit unwirtschaftlich sein.

Daraus abgeleitet, liegt die Zielsetzung der BMW-Personalpolitik in der Steigerung
- der **Leistungsfähigkeit** der Mitarbeiter, zum Beispiel durch Bildungs- oder sonstige Personalentwicklungsmaßnahmen,
- der **Leistungsbereitschaft** der Mitarbeiter, zum Beispiel durch die leistungsfördernde Gestaltung der Entgelt- und Zusatzleistungssysteme,
- der **Leistungsmöglichkeit** der Mitarbeiter, zum Beispiel durch neue Arbeitsstrukturen und flexible Organisationsformen, die die Voraussetzung dafür sind, daß die Mitarbeiter ihre Leistungsfähigkeit und -bereitschaft optimal entfalten können.

Der Zusammenhang zwischen Personalpolitik und Wirtschaftlichkeit des Unternehmens ist in Abbildung B.2.1 dargestellt.

Abb. B.2.1: Zusammenhang von Personalpolitik und Wirtschaftlichkeit des Unternehmens

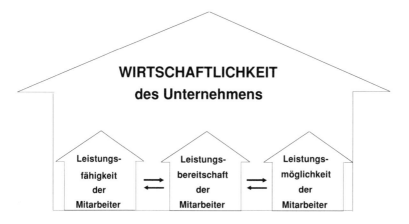

Diese allgemeine personalpolitische Zielsetzung haben wir verknüpft mit der Idee einer konsequenten Berücksichtigung der gesellschaftlichen Werte und Werteveränderungen bei der Gestaltung unserer

zukünftigen Personalpolitik. Daraus ergaben sich die folgenden Grundgedanken einer werteorientierten Personalpolitik.

2.2 Grundgedanken einer werteorientierten Personalpolitik

Ausgangspunkt unserer Überlegungen war, daß eine strategische, zukunftsorientierte Personalpolitik die Einflüsse aus dem Unternehmensumfeld stärker berücksichtigen sollte.

Insbesondere müssen wir bei den langfristigen, grundlegenden Gestaltungsfragen unserer Personalpolitik die Wertvorstellungen unserer Gesellschaft und damit unserer Mitarbeiter stärker als bisher einbeziehen. Denn letztlich sind die Wertvorstellungen unserer Mitarbeiter die fundamentale Grundlage ihres Handelns. Daher müssen wir uns über sie Gedanken machen. Gerade auch Führungskräfte müssen die Werte und Strukturen, inmitten derer sie arbeiten, genau kennen.

Grundlegende Werteveränderungen sind dabei möglichst frühzeitig zu erkennen, zu beeinflussen und zu berücksichtigen mit dem Ziel einer stärkeren Übereinstimmung der Leitbilder von Gesellschaft, Mitarbeitern und Unternehmen. Das heißt, wir müssen die Diskrepanz zwischen dem Leben außerhalb und innerhalb des Betriebes auf ein möglichst geringes Maß reduzieren.

Dabei steht keinesfalls ein unreflektiertes Anpassen an die veränderten Rahmenbedingungen im Vordergrund, sondern, aufbauend auf einer Analyse der Umfeldveränderungen, die teils agierende, teils reagierende Gestaltung eines schlüssigen Gesamtkonzepts unserer Personalpolitik.

Gelingt es, mit unserer Personalpolitik das Wertespektrum unserer Mitarbeiter abzudecken, dann erreichen wir eine stärkere Identifikation der Mitarbeiter mit ihrem Unternehmen, bessere Motivation, mehr Leistungsbereitschaft und damit eine bessere Ausschöpfung der Kapazität des einzelnen und weniger „innere Kündigungen".

Eine werteorientierte Personalpolitik schafft folglich die Rahmenbedingungen für eine Leistungssteigerung der Mitarbeiter und erhöht somit die Wirtschaftlichkeit des Unternehmens.

Unsere zugegebenermaßen stark pragmatisch ausgerichteten und Anfang der achtziger Jahre eher empirisch entstandenen Überlegungen werden aus heutiger Sicht durch eine Vielzahl von wissenschaftlichen Aussagen zum Thema Werte und Wertewandel untermauert.

2.3 Werte und Wertewandel

Warum sind gesellschaftliche Werte und deren Veränderung für die unternehmerische Personalstrategie von so grundlegender Bedeutung?

V. Rosenstiel bezeichnet Werte als Orientierungspunkte unseres Handelns, die ähnlich wie der Polarstern hoch am Himmel stehen, also auf beachtlichem Abstraktionsniveau angesiedelt sind und dennoch dem alltäglichen Verhalten Richtung geben. Werte bestimmen das, was uns wünschenswert erscheint, was wir wollen (*v. Rosenstiel*, 1993, S.48).

In diesem Sinne definiert *Kluckhohn*, daß Werte Auffassungen vom Wünschenswerten seien, die explizit oder implizit für einen einzelnen oder eine Gruppe kennzeichnend sind und die Auswahl der zugänglichen Weisen, Mittel und Ziele des Handelns beeinflussen (*Kluckhohn*, 1951). Damit wird deutlich, welchen gravierenden Einfluß Werte und Werthaltungen von Individuen oder Gruppen im Betrieb auf deren Verhalten, Motivation, Kreativität und Leistungsbereitschaft besitzen.

Aber nicht allein die Werte und Werthaltungen unserer Mitarbeiter sind für ihre Verhaltens- und Leistungsmuster relevant, sondern insbesondere deren Veränderung, das heißt der vielzitierte Wertewandel.

Wer unter dem Aspekt der Werteorientierung ein langfristig angelegtes, zukunftsorientiertes Personalkonzept ableiten möchte, der muß Intensität und Trendrichtung des Wertewandels analysieren und strategisch berücksichtigen.

Um die Hauptrichtung des Wertewandels zu kennzeichnen, gebraucht *Klages* die Formel, daß ein Wandel von „Pflicht- und Akzeptanzwerten" hin zu „Selbstentfaltungswerten" stattgefunden hat (*Klages*, 1987, S.1).

Gerade im personalpolitisch interessanten Bereich von Arbeit und Beruf ist die Diskussion über die Folgen des Wertewandels stark geprägt von einem Briefwechsel zwischen *Elisabeth Noelle-Neumann* und *Burkhart Strümpel* (*Noelle-Neumann/Strümpel*, 1984).

Noelle-Neumann spricht von einem „Werteverfall", den sie mit der Feststellung begründet, daß im Zuge des Wertewandels die Arbeitszufriedenheit in der Bevölkerung fortwährend gesunken ist und daß negative Einstellungen zur Arbeit an Boden gewonnen haben. So habe die Zahl derjenigen Menschen, die das „Leben als Aufgabe" betrachten, stark abgenommen, und dementsprechend stieg die Zahl derjenigen Menschen an, die „das Leben genießen wollen". Auf die Frage: „Welche Stunden sind Ihnen am liebsten?" antworteten 1962 nur 28 %, 1976 dagegen bereits 50 % der befragten Bundesbürger mit: „Wenn ich nicht arbeite." Der darin erkennbare Trend hat sich zwischenzeitlich nicht umgekehrt.

Noelle-Neumann folgert daraus, daß der Wertewandel Änderungen in Richtung hedonistischer Einstellungen zur Arbeit begünstige und daß die Deutschen dabei seien, ein freizeitorientiertes, oder, einfacher ausgedrückt, ein „faules" Volk zu werden.

Diese eher pessimistisch anmutende Auffassung ist jedoch in der Wissenschaft stark umstritten. So ist zum Beispiel *Klages* der gegenteiligen Meinung und betont, daß man auch von den Mitarbeitern, bei denen ein deutlicher Wertewandel stattgefunden hat, durchaus noch „Leistung" verlangen kann, daß dies allerdings nicht mehr so unproblematisch wie früher in Verbindung mit der Forderung nach Unterordnung unter strikte Disziplinanforderungen und nach Hinnahme der Dispositionsbefugnis der Vorgesetztenhierarchie geschehen kann. Die Bereitschaft, Leistung zu erbringen, verknüpft sich viel mehr als früher mit der Erwartung, sich selbst als Person „einbringen" zu können, Bedürfnisse nach „Kreativität", nach der Verwirklichung individueller Sinnvorstellungen und nach der Auslebung eigener Fähigkeiten und Neigungen in die Arbeit hineintragen zu können und hierbei über einen beträchtlichen Handlungsspielraum verfügen zu können, der mit eigenen Entscheidungen ausgefüllt werden kann.

Es läßt sich feststellen, daß die Arbeitswelt solchen Bedürfnissen bisher noch nicht ausreichend entgegenkommt, daß das, was sie an Arbeitsrollen anbietet, insbesondere in den unteren Rängen der Arbeiter- und Angestelltentätigkeiten, viel eher dazu geeignet ist, solche Bedürfnisse zu enttäuschen. Es erscheint legitim, sich auf den Standpunkt zu stellen, daß in der sinkenden Arbeitszufriedenheit und in den sich verschlechternden Arbeitseinstellungen Reaktionen auf die Erfahrung der Enttäuschung von Wertverwirklichungsbedürfnissen zu sehen sind (*Klages*, 1987, S. 11).

Offensichtlich hat nicht die Arbeit an sich an Wert verloren, sondern die Ansprüche an die Arbeit haben sich geändert. Immer mehr Menschen wünschen sich interessante, abwechslungsreiche Tätigkeiten, den Kontakt mit anderen Menschen sowie die Möglichkeit, in der beruflichen Arbeit auch eigene Vorstellungen zu verwirklichen (*Sten-*

2.3 Werte und Wertewandel

gel, 1991). Das heißt, Arbeit und insbesondere berufliche Leistung werden nicht mehr automatisch aufgrund anerzogenen Pflichtbewußtseins erbracht, sondern verstärkt durch Selbstentfaltungsmotive gesteuert (*Herbert*, 1991).

V. *Rosenstiel* spricht in diesem Zusammenhang von einer Spannung zwischen dem Menschen und der Organisation. Es entstehen sogar erhebliche Spannungen, wenn die Distanz zwischen den Mitarbeitern, deren Werteorientierungen sich wandeln, und der Organisation, die ein Ausdruck der vorherrschenden Werte „von gestern" ist, zu stark wächst. Abbildung B.2.2 beschreibt das Spannungsfeld zwischen Mensch und Organisation. Der Konflikt zwischen dem einzelnen und der Organisation intensiviert sich, wenn jene Werte, die durch die Organisation objektiviert erscheinen, stark von jenen abweichen, die der einzelne anstrebt. Gerade in diesem Zusammenhang wird deutlich, daß Werte an der Schnittstelle zwischen dem einzelnen und einem sozialen System liegen. Für das soziale System sind sie eine Legitimationsgrundlage und zugleich Identifikationspunkt für die Mitglieder. Mit einer Organisation, die Werte zu realisieren sucht, welche auch die Mitglieder für erstrebenswert halten, identifizieren sich diese leichter.

Abb. B.2.2: Spannungen zwischen dem einzelnen und der Organisation

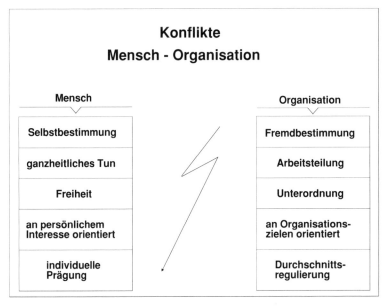

Quelle: *v. Rosenstiel*, 1993, S. 55

Zugleich gewinnen sie dadurch Orientierung in ihrem individuellen Handeln. Werte können demnach günstigstenfalls dazu beitragen, daß die einzelnen eine gemeinsame Orientierung haben und die Organisation eine Legitimationsgrundlage und eine Basis dafür gewinnt, daß sich ihre Mitglieder mit ihr identifizieren (*v. Rosenstiel*, 1993, S. 55).

Diese wissenschaftlichen Erkenntnisse liegen exakt auf einer Linie mit den Grundgedanken, die uns Anfang der achtziger Jahre bei BMW veranlaßt haben, eine werteorientierte Personalpolitik zu entwickeln.

Wir wollten nicht über einen gesellschaftlichen „Werteverfall" lamentieren, sondern den Wertewandel als unternehmerische Herausforderung begreifen. Mit *Klages* waren wir der Auffassung, daß es sich beim Wandel der Werte um eine Thematik handelt, die nicht in kulturkritischer Stimmung, sondern mit Optimismus zur aktiven Erschließung derjenigen Chancen behandelt werden sollte, die den erkennbaren Veränderungen innewohnen (*Klages*, 1987, S. 15).

Um diese Chancen aufzuspüren und zu nutzen, haben wir bei BMW bereits im Jahr 1983 damit begonnen, das für uns relevante Wertespektrum (von den traditionellen bis zu progressiven Werten) einschließlich entsprechender Prozesse der Werteveränderungen zu analysieren.

Ausgangspunkt für die Beschreibung der traditionellen Grundwerte in unserer Gesellschaft waren für uns die im Grundgesetz der Bundesrepublik Deutschland verankerten Grundrechte.

Als Gegenpol des Wertespektrums haben wir die in einer Vielzahl von wissenschaftlichen Untersuchungen Anfang der achtziger Jahre beschriebenen Werte der Jugend gesehen. Dieser Teil des Wertespektrums erschien uns besonders bedeutsam, da wir mit *Strümpel* der Auffassung sind, daß junge Menschen als Vorreiter des sozialen Wandels erscheinen (*Noelle-Neumann/Strümpel*, 1984).

Das heißt jedoch nicht, daß der Wertewandel nur eine Angelegenheit der Jugend ist. Auch *Klages* (1987) betont, daß gleichgerichtete, wenngleich schwächere Wandlungen der Werte vielmehr auch bei den älteren Teilen der Bevölkerung stattfinden. Allerdings sei zutreffend, daß sich aufgrund der stärkeren Bewegung, die bei den jungen Teilen der Bevölkerung ablief, der Abstand zwischen den Generationen zumindest zeitweilig vergrößerte und daß insofern eine Zuspitzung des „Generationskonflikts" stattfand, den es auch schon früher gegeben hatte, der aber in den Jahren nach dem Zweiten Weltkrieg stark zurückgegangen war. Hierzu trug auch bei, daß es die Jugend war, bei welcher der Wertewandel demonstrative Äußerungen an einem Verhalten fand, in welchem sich die Lust an der Opposition, die Freude an dem Abwerfen konventioneller Normen und Maßstäbe, die man nunmehr als Ballast empfand, auf drastische Weise spiegelte.

In einem weiteren Punkt hat uns die Wissenschaft nachträglich bestärkt, den richtigen Weg gewählt zu haben: beim Aspekt der Langfristigkeit und Konstanz unserer personalpolitischen Strategie. Wir hatten von Anfang an die Werteorientierung als Gradmesser für die Gestaltung unserer Personalpolitik gewählt, um die grundlegenden und langfristigen Ziele bestimmen und formulieren zu können. Dabei haben wir im Sinne einer langfristigen personalpolitischen Konstanz auf eine Abnahme der Intensität und der Geschwindigkeit des Wertewandels in den achtziger und neunziger Jahren gehofft, die dann auch eingetreten ist.

So stellt zum Beispiel *Klages* (1993) fest, daß wir heute auf einen Gesamtverlauf des Wertewandels in der (alten) Bundesrepublik zurückblicken können, dem man die Bezeichnung „Trend" nicht mehr verweigern kann, denn er hat sich über alle temporären Schwankungen und scheinbaren Abbrüche hinweg als stabil erwiesen. So betrachtet scheint es sehr naheliegend und auch verhältnismäßig einfach möglich zu sein, aus der Vergangenheitsanalyse nunmehr ohne allzugroße Umstände direkt zur Zukunftsprognose überzugehen und für die neunziger Jahre eine Fortsetzung des Wertewandels vorherzusagen.

Genauer gesagt ist ganz offensichtlich, wie man annehmen kann, das Potential des Wertewandels – jedenfalls auf seiten der Selbstentfaltungswerte – gegenwärtig noch nicht ausgeschöpft, so daß nichts dagegen zu sprechen scheint, diesen Werten für die kommenden Jahre weitere Bodengewinne vorherzusagen.

Nun aber zurück in das Jahr 1983 und zu der Frage, welches Wertespektrum und welche Werteveränderungen für die Gestaltung einer zukunftsorientierten Personalpolitik aus unserer Sicht relevant waren.

2.4 Das für die Personalpolitik relevante Wertespektrum

Das in der Wissenschaft vorgefundene Wertespektrum und die entsprechenden Prozesse der Werteveränderungen waren zwangsläufig sehr vielschichtig und komplex. Wir haben deshalb – zugegebenermaßen stark vereinfachend – das gesamte aufgezeigte Spektrum auf

die folgenden 16 Grundwerte komprimiert, die wir für die Gestaltung unserer betrieblichen Personalpolitik als relevant ansehen:
- Orientierung des Verhaltens (Führungsverhaltens) an ethischen Zielen,
- Menschlichkeit (Humanität) / Würde des Menschen,
- Liberalität und Toleranz (zum Beispiel gegenüber Randgruppen und Minderheiten),
- Gerechtigkeitsstreben (zum Beispiel in der Gleichbehandlung gleicher Tatbestände),
- Eigentum / Besitzstreben,
- Prinzip von Leistung und Gegenleistung,
- Selbständigkeit und Individualität,
- Selbstverwirklichung in der Arbeit,
- Selbstverwirklichung außerhalb der Arbeit,
- Status, Macht, Hierarchie (Streben nach sozialem Aufstieg),
- Streben nach sozialen Kontakten / Gemeinschaftsgefühl,
- Information und Kommunikation,
- freie Meinungsäußerung,
- Sicherheitsstreben,
- sozialer Nutzen der Arbeit,
- Demokratie (zum Beispiel Beteiligung an Entscheidungen / Selbstbestimmung).

Für diese 16 Grundwerte haben wir eine Werteskala entwickelt, aus der – bezogen auf jeden einzelnen Wert – die Position
- des traditionellen Wertes (in der Werteskala mit T gekennzeichnet),
- des „neuen" Wertes (N),
- des tatsächlichen Ist-Zustandes im Unternehmen (I),
- des gegenwärtigen Solls = der gegenwärtigen Personalpolitik (S_1),
- des zukünftigen Solls = der zukünftigen Personalpolitik (S_2)

ersichtlich ist.

Die Werteskala, die Positionierung der Werte sowie insbesondere die Beschreibung des „Ist" und die Festlegung des „Soll" waren das Ergebnis eines etwa einjährigen gedanklichen Prozesses. Dieser begann aufbauend auf eingehenden Literaturstudien mit einer Vielzahl von Gesprächen mit Führungskräften und Mitarbeitern aus allen Fachbereichen unseres Unternehmens und wurde 1983 mit einem mehrtägigen Workshop unter Teilnahme von etwa 30 Führungskräften des Personalwesens vorerst abgeschlossen.

Im Rahmen dieses Workshops haben wir uns intensiv mit der Konstellation der einzelnen Positionen untereinander und insbesondere mit der Trendrichtung der Werteveränderungen, das heißt der Veränderung von T nach N, beschäftigt. Danach haben wir eine selbstkritische Bestandsaufnahme des von uns empfundenen Ist-Zustands im Unternehmen (I) vorgenommen.

Der personalpolitisch entscheidende Schritt war dann auf der Basis der Positionierung der T, N und I die gemeinsame Diskussion im Sinne einer Überprüfung unserer bisherigen Personalpolitik (S_1) und insbesondere der Festlegung der Ziele unserer zukünftigen Personalpolitik (S_2).

Damit stellten die gesellschaftlichen Werte und Werteveränderungen für uns die Basis dar für unsere unternehmensinternen langfristigen personalpolitischen Grundsatzüberlegungen und Strategien.

2.5 Ableitung der zukünftigen personalpolitischen Strategie

Zwei Beispiele sollen unsere gedankliche Vorgehensweise verdeutlichen:

Betrachten wir zunächst den Wert „Information und Kommunikation" (Abbildung B.2.3).

Die Lage des traditionellen Wertes (T) und des „neuen" Wertes (N) in der Werteskala deutet darauf hin, daß dieser Wert in den letzten Jahren an Bedeutung gewonnen hat und daß sich dieser Trend auch in Zukunft fortsetzen wird.

Abb. B.2.3: Werteskala, Wert „Information und Kommunikation"

Wert	Gewichtung	* 1	2	3	4	5	** 6
Information und Kommunikation			T I	S_1	N S_2		

* = weniger wichtig / ** = sehr wichtig

Das bisherige Soll (S_1) liegt etwa zwischen der traditionellen und der neuen Bedeutung dieses Wertes. Die betriebliche Ist-Situation (I) erreicht bei selbstkritischer Betrachtung den „neuen" Wert nicht. Deshalb haben wir uns entschlossen, diesem Wert in unserer zukünftigen Personalpolitik (S_2) eine noch größere Bedeutung beizumessen. Die

48 B.2 Die Entwicklung einer werteorientierten Personalpolitik

Heranführung des Ist an das zukünftige Soll wurde damit zum strategischen Ziel unserer Personalpolitik für die folgenden Jahre. Welche konkreten Maßnahmen sich aus dieser strategischen Entscheidung ableiten, wird in Kapitel B.3 beschrieben.

Das zweite Beispiel des Wertes „Leistung und Gegenleistung" soll verdeutlichen, daß die gewählte personalpolitische Strategie nicht immer anpassenden Charakter in bezug auf den Wertewandel hat, sondern teilweise auch den Charakter eines bewußten Gegensteuerns gegen die vorherrschende gesellschaftliche Strömung. Bei diesem Wert (Abbildung B.2.4) zeigt die Konstellation des traditionellen zum „neuen" Wert eine deutlich abnehmende Bedeutung im gesellschaftlichen Umfeld. Gegenwärtiges Soll und tatsächliches Ist deuten jedoch darauf hin, daß der Wert „Leistung und Gegenleistung" bei BMW sowohl in der bisherigen Personalpolitik als auch in der betrieblichen Praxis eine erhebliche Bedeutung besitzt.

Abb. B.2.4: Werteskala, Wert „Leistung und Gegenleistung"

Wert	Gewichtung	*1	2	3	4	5	**6
Prinzip von Leistung und Gegenleistung				Ⓝ	Ⓘ	Ⓣ Ⓢ$_1$ Ⓢ$_2$	

* = weniger wichtig / ** = sehr wichtig

Nach längeren internen strategischen Diskussionen haben wir uns entschlossen, in diesem Fall dem Wertetrend bewußt nicht zu folgen, sondern auch in Zukunft (S$_2$) die Bedeutung des Leistungsprinzips bei BMW zumindest aufrechtzuerhalten bzw., soweit möglich und sinnvoll, sogar noch konsequenter anzuwenden.

Entsprechend dieser gedanklichen Vorgehensweise haben wir alle 16 genannten Grundwerte analysiert und jeweils das zukünftige Ziel unserer Personalarbeit festgelegt (Abbildung B.2.5).

Dabei genügt es selbstverständlich nicht, eine personalpolitische Strategie zu entwerfen und von den Entscheidungsträgern des Unternehmens verabschieden zu lassen. Der Grad der Wirksamkeit der Strategie hängt vielmehr von ihrer Umsetzung in den betrieblichen Alltag ab.

2.5 Ableitung der zukünftigen personalpolitischen Strategie

Abb. B.2.5: Werteskala aller 16 Werte

Wert / Gewichtung	*1	2	3	4	5	**6
Orientierung des Verhaltens (Führungsverhaltens) an ethischen Zielen			Ⓘ	Ⓣ Ⓢ₁	Ⓢ₂	Ⓝ
Menschlichkeit (Humanität) / Würde des Menschen			Ⓣ Ⓘ	Ⓝ Ⓢ₁	Ⓢ₂	
Liberalität und Toleranz (z.B. gegenüber Randgruppen / Minderheiten)		Ⓘ	Ⓣ Ⓢ₁	Ⓝ Ⓢ₂		
Gerechtigkeitsstreben (z.B. in der Gleichbehandlung gleicher Tatbestände)				Ⓣ Ⓘ Ⓢ₁	Ⓝ Ⓢ₂	
Eigentum / Besitzstreben				Ⓝ Ⓘ Ⓢ₁ Ⓢ₂	Ⓣ	
Prinzip von Leistung und Gegenleistung			Ⓝ	Ⓘ	Ⓣ Ⓢ₁ Ⓢ₂	
Selbständigkeit und Individualität			Ⓘ	Ⓣ Ⓢ₁	Ⓝ Ⓢ₂	
Selbstverwirklichung in der Arbeit			Ⓘ	Ⓣ	Ⓢ₁ Ⓢ₂	Ⓝ

* = weniger wichtig / ** = sehr wichtig

B.2 Die Entwicklung einer werteorientierten Personalpolitik

noch Abb. B.2.5

Wert \ Gewichtung	*1	2	3	4	5	**6
Selbstverwirklichung außerhalb der Arbeit		Ⓣ	Ⓘ Ⓢ₁	Ⓢ₂	Ⓝ	
Status, Macht, Hierarchie (Streben nach sozialem Aufstieg)				Ⓝ Ⓢ₂	Ⓣ Ⓢ₁	Ⓘ
Streben nach sozialen Kontakten / Gemeinschaftsgefühl			Ⓘ	Ⓣ Ⓢ₁	Ⓢ₂	Ⓝ
Information und Kommunikation		Ⓣ	Ⓘ		Ⓢ₁	Ⓝ Ⓢ₂
Freie Meinungsäußerung			Ⓘ	Ⓣ Ⓢ₁	Ⓢ₂	Ⓝ
Sicherheitsstreben					Ⓣ Ⓝ Ⓢ₁ Ⓢ₂	Ⓘ
Sozialer Nutzen der Arbeit		Ⓣ Ⓘ	Ⓢ₁ Ⓢ₂		Ⓝ	
Demokratie (z.B. Beteiligung an Entscheidungen / Selbstbestimmung)		Ⓘ	Ⓣ Ⓢ₁		Ⓢ₂	Ⓝ

* = weniger wichtig / ** = sehr wichtig

3. Die praktische Umsetzung in der Personalarbeit

Der sich aus der Werteskala ergebende Orientierungsrahmen wirkt wie ein „roter Faden" unserer Personalpolitik. Innerhalb dieses Orientierungsrahmens erfolgt die konkrete Gestaltung der Personalpolitik und damit auch der täglichen Personalarbeit „vor Ort". Eine Vielzahl von personalpolitischen Konzepten, Maßnahmen und Instrumenten, die in den letzten zehn Jahren bei BMW entstanden sind, hat ihren Ursprung in dieser Strategie.

Im folgenden wird eine Reihe aktueller Umsetzungsschwerpunkte herausgegriffen und unter besonderer Berücksichtigung der Personalarbeit in unserem neuen Werk Regensburg beschrieben. Diesem kommt bei der Beschreibung insofern eine Sonderrolle zu, als dort die Umsetzung und Weiterentwicklung der werteorientierten Personalpolitik besonders intensiv und konsequent erfolgt. Neben den Konzeptbausteinen, die für das gesamte Unternehmen entwickelt wurden und zur Anwendung kommen, gibt es einige, die speziell auf das Werk Regensburg zugeschnitten sind. Dies ist im Einzelfall jeweils gesondert angemerkt.

Die Praxisbeispiele zeigen, daß häufig die Werte miteinander verbunden sind und deshalb eine Zuordnung zu verschiedenen Werten möglich wäre. Um die Darstellung zu vereinfachen und die praktische Aussagefähigkeit zu erhöhen, beziehen sich die gewählten Beispiele auf die folgenden 6 der insgesamt 16 Grundwerte:
- Information und Kommunikation
- Leistung und Gegenleistung
- Orientierung des Verhaltens an ethischen Zielen
- Selbständigkeit und Individualität
- Selbstverwirklichung in der Arbeit
- Sicherheitsstreben

Für jeden dieser Werte werden einige personalpolitische Konzepte, Maßnahmen und Instrumente beschrieben, die wesentlich zur Erreichung der aus der Werteskala abgeleiteten personalpolitischen Zielsetzung beitragen.

3.1 Wert „Information und Kommunikation"

Wie bereits im Zusammenhang mit der Abbildung B.2.3 (S. 47) beschrieben, haben wir uns entschlossen, diesem Wert eine noch größere

Bedeutung beizumessen. Daraus leitet sich als personalpolitisches Ziel ab, die Transparenz der unternehmensinternen und -übergreifenden Zusammenhänge zu erhöhen sowie ein Klima zu schaffen, das zu konstruktiven, offenen und sachlichen Meinungsäußerungen beiträgt.

Denn: Information und Kommunikation sind Grundbedingungen für Motivation und selbständiges Handeln. Von unseren Mitarbeitern erwarten wir, daß sie leistungsfähig und leistungsbereit sind, daß sie Eigeninitiative entwickeln, selbständig handeln und Verantwortung übernehmen, daß sie flexibel und veränderungsbereit sind, daß sie kooperativ sind und daß sie für einen störungsfreien Produktionsablauf sorgen und Aufträge termingerecht erfüllen.

Diese Eigenschaften und Fähigkeiten können Mitarbeiter nur entfalten, wenn sie gut informiert sind, insbesondere über alles, was sie und ihre Arbeit betrifft.

Nur dann kann erwartet werden, daß sie sich mit den Unternehmenszielen identifizieren, kundenorientiert arbeiten und konstruktive Lösungsansätze für effizienzsteigernde Verbesserungen einbringen.

Damit Information keine Einbahnstraße wird, sollten wir hierarchiebedingte Kommunikationsbarrieren abbauen und funktionsübergreifende Kommunikationsprozesse in Gang setzen. Kreatives und innovatives Denken darf nicht auf bestimmte Mitarbeitergruppen bzw. Führungsebenen beschränkt sein. Wir müssen alle im Unternehmen vorhandenen Potentiale und Ressourcen nutzen.

In diesem Sinne wurden unter anderem die nachfolgend beschriebenen Maßnahmen realisiert.

3.1.1 Mitarbeiterinformation

Die Mitarbeiterinformation wurde intensiviert und zielgruppengerecht gestaltet. Neben der in mehreren Sprachen erscheinenden Mitarbeiterzeitung „Bayernmotor" haben wir verschiedene Führungskräfte-Informationsreihen, zum Beispiel für Meister, für mittlere und obere Führungskräfte, aber auch für englischsprachige Führungskräfte im Ausland, eingerichtet, die regelmäßig zielgruppenspezifisch aufbereitete Informationen von innerhalb und außerhalb des Unternehmens vermitteln.

Daneben wurden für umfassendere Spezialthemen (zum Beispiel die Vorstellung neuer Modelle) das „bm magazin" sowie für die kurzfristige Vermittlung aktueller Informationen zwei Informationsblätter, „bm informiert" und „bm aktuell", eingeführt.

3.1 Wert „Information und Kommunikation"

Aufgrund des besonderen Informationsbedürfnisses der „jungen" Belegschaft des Werkes Regensburg (intern „Werk 6" genannt) haben wir ausschließlich für diesen Standort mit der „Werk-6-Info" ein zusätzliches Informationsblatt geschaffen, das in bewußt unregelmäßiger Erscheinungsweise kurzfristig über aktuelle standortspezifische Themen berichtet. Dieses Medium hat sich gerade in der ereignisreichen Anlaufphase des Werkes besonders bewährt. Wie die Abbildung B.3.1 (S. 54) zeigt, wird dieses Informations-Medium durchaus auch im Sinne von Dank und Anerkennung für herausragende Leistungen der Mitarbeiter (zum Beispiel im Zusammenhang mit dem Modellanlauf des neuen BMW 3er Cabrios) genutzt.

3.1.2 Video-Information

Als gegenüber technischen Innovationen stets aufgeschlossenes Unternehmen haben wir uns natürlich auch die Möglichkeiten neuer Medien nutzbar gemacht. Dazu zählt insbesondere das Angebot von mehrmals jährlich erscheinenden Video-Informationen, die zu verschiedenen personalpolitischen Themen (zum Beispiel Mobilität, neue Arbeitsstrukturen etc.) veröffentlicht werden. Dieses teilweise mehrsprachige Medium wird von unseren Mitarbeitern mit großem Interesse angenommen.

3.1.3 Einführung und Einarbeitung neuer Mitarbeiter

Gerade neueingestellte Mitarbeiter haben ein überdurchschnittlich ausgeprägtes Informationsbedürfnis. Angesichts des hohen Einstellungsumfanges im Werk Regensburg in den letzten Jahren kommt hier unserer Zielsetzung „Integration durch Information" eine besondere Bedeutung zu.

Das dementsprechend gestaltete Programm „Einführung und Einarbeitung neuer Mitarbeiter" hat als wesentliche Zielsetzungen die Förderung der Integration des neuen Mitarbeiters zu Beginn seiner Tätigkeit sowie die Verbesserung der persönlichen Betreuung während der Einarbeitungsphase.

Das Programm besteht aus einem Bündel von Einzelmaßnahmen mit folgenden drei Schwerpunkten:
– Betreuung bereits nach Vertragsabschluß und vor Arbeitsaufnahme,
– Einführungs- und Informationsveranstaltungen im direkten zeitlichen Zusammenhang mit dem Eintritt,

B.3 Die praktische Umsetzung in der Personalarbeit

Abb. B.3.1: Beispiel einer „Werk-6-Info"

WERK 6 – INFO

Aktuelles für die Belegschaft der Werke Regensburg und Wackersdorf

**Das beste Auto 1993
wird im BMW Werk Regensburg gebaut**

Das BMW 3er-Coupé wurde vor wenigen Tagen von den Lesern und Juroren von **Auto Bild** in sieben europäischen Ländern zum besten der insgesamt 35 Modelle, die im vergangenen Jahr neu auf den Markt kamen, gewählt. Den ersten Preis teilte "unser" Coupé mit dem Renault Safrane. Die Experten bei der Bewertung der Fahrzeuge - unter ihnen Formel 1-Rennfahrer Michael Schumacher - kamen aus Deutschland, Großbritannien, Frankreich, Italien, Holland, der Tschechei und der Türkei. Also, ganz Europa hat getestet und das BMW-Coupé für hervorragend befunden.

Erst vor wenigen Wochen hatten die Leser von **auto motor und sport** den 3er BMW - mit großem Abstand zum zweitplazierten Audi 80 - zum besten Auto der Mittelklasse 1 gewählt (siehe Rückseite). Gewinner der oberen Mittelklasse - auch mit deutlichem Abstand - war der 5er BMW. Beachtenswert ist auch das Abschneiden des 7er BMW, der von der um 5 Jahre jüngeren Mercedes S-Klasse nur sehr knapp geschlagen wurde.

Voll des Lobes für ein weiteres Fahrzeug aus Regensburger Produktion - den BMW M3 - waren die Journalisten von **auto motor und sport** in der aktuellen Ausgabe dieser Zeitung (12. März 1993). Im Vergleichstest mit dem Audi Coupe S2 und dem Porsche 968 CS kam der Tester zu folgendem Ergebnis: "In der Preisklasse um 80 000 Mark gibt es derzeit kein besseres sportliches Auto.....Eine harmonische Mischung bietet in Reinform nur der BMW, der diesen Vergleich klar für sich entscheidet. So müssen Sportwagen sein, wenn ihnen die Zukunft gehören soll."

Sie, liebe Mitarbeiterinnen und Mitarbeiter im Werk Regensburg, haben durch Engagement und durch qualitätsbewußte Arbeit zum hervorragenden Erfolg der neuen BMW 3er Reihe wesentlich beigetragen. Wir möchten ihnen dafür Dank und Anerkennung sagen.

Dieter Hendel
Technischer Werkleiter

Dr. Joachim Raff
Kaufmännischer Werkleiter

Herausgeber: TR-K, Mitarbeiterinformation, Telefon 20 14

– intensive Betreuung und Einarbeitung während der ersten Monate nach dem Eintritt.

Hervorzuheben ist dabei, daß wir bei den Einführungs- und Informationsveranstaltungen auch die Eigeninitiative der neuen Mitarbeiter zu aktivieren versuchen und deshalb neben der obligatorischen eintägigen Informationsveranstaltung am ersten Arbeitstag zusätzliche Informationen im Rahmen einer Reihe von zweistündigen Informationsveranstaltungen auf freiwilliger Basis außerhalb der Arbeitszeit anbieten (Beispiele in Abbildung B.3.2, S. 56).

Um einen starken Praxisbezug herzustellen und neben der reinen Informationsvermittlung eine erste Kommunikationsbasis aufzubauen, werden diese Veranstaltungen im Werk Regensburg ausschließlich von eigenen Führungskräften durchgeführt.

3.1.4 Schulungskurse für Nachwuchsmeister

Dieser Praxisbezug zeichnet auch unsere werksinternen Schulungskurse für Nachwuchsmeister aus. Auch hier erfolgt die Informationsvermittlung über die Strukturen und Inhalte der betrieblichen Abläufe durch Referate und Diskussionsrunden, die von den Führungskräften aller Fachbereiche und hierarchischen Ebenen (das heißt vom Gruppenleiter bis zum Werkleiter) selbst gestaltet und getragen werden.

Der zeitliche Umfang dieser Kurse umfaßt vier Blöcke mit insgesamt 11 Wochen und ist neben der abgeschlossenen IHK-Meisterprüfung zwingende Voraussetzung für die praktische Übernahme einer Meisterfunktion.

3.1.5 Einsatz von Führungskräften in der Fertigung

Gerade im Zusammenhang mit den von uns angestrebten neuen Arbeits- und Organisationsstrukturen kommt einer guten Kommunikation mit den Fertigungsbereichen eine besondere Bedeutung zu. Deshalb forcieren wir seit Anfang der neunziger Jahre Programme und Aktivitäten, wie „Planer in die Fertigung" und „Führungskräfte ans Fließband", durch die das Verständnis für den jeweiligen betrieblichen Partner und dessen Aufgabenstellung sowie eine größere kommunikative Nähe, zum Beispiel mit dem zu betreuenden Bereich, gefördert werden kann.

Wir wollen damit den praxisnahen Erfahrungsaustausch intensivieren, den Know-how-Gewinn insbesondere bei Einsätzen innerhalb

Abb. B.3.2: Beispiele „Info-Schecks" für neue Mitarbeiter

Ja, ich interessiere mich für das Thema

Dienstleistungen für die Belegschaft

und wünsche eine Einladung zur nächsten Informationsveranstaltung.

Dort erfahre ich:

- alles, was ich zum Thema Jahreswagen wissen will.
- welche Verkehrsanbindungen/Parkplätze bestehen.
- wie ich ein Dienstfahrzeug aus dem Fuhrpark erhalte.
- was zu tun ist, wenn es brennt. - Häufig der Beginn einer Katastrophe!
- welche Aufgaben der Werkschutz übernimmt.
- welche Verpflegungsmöglichkeiten das Werk 6 bietet.

Meine eigenen Fragen werden nach Möglichkeit an Ort und Stelle beantwortet.

Referent: Wilhelm Liebhart, Leiter Personaldienste

Die Einladung schicken Sie bitte an:

_____   _____
Vorname, Name   *Kurzzeichen*

Ja, ich interessiere mich für das Thema

**Das Personalreferat -
Ansprechpartner für alle Mitarbeiter**

und wünsche eine Einladung zur nächsten Informationsveranstaltung.

Dort erfahre ich:

- in welchen Angelegenheiten ich mich an mein Personalreferat wende.
- welche zusätzlichen Leistungen ich bei BMW neben meinem Lohn bzw. bzw. Gehalt erhalte.
- was in meiner monatlichen Lohnabrechnung/Gehaltsabrechnung steht. *)
  (*) *Zutreffendes bitte unterstreichen)*

Meine eigenen Fragen werden nach Möglichkeit an Ort und Stelle beantwortet.

Referentin: Angela Berghahn, Leiterin Personalbeschaffung und -betreuung,
Lohn- und Gehaltsabrechnung

Die Einladung schicken Sie bitte an:

_____   _____
Vorname, Name   *Kurzzeichen*

---

der Prozeßketten stärken, Veränderungsprozesse beschleunigen, tangierende Bereiche einander näherbringen und ganz allgemein die Zusammenarbeit verbessern.

In der Praxis sieht das zum Beispiel so aus, daß ein Fertigungsplaner für das Preßwerk einige Wochen an dem von ihm beplanten Arbeitsplatz verbringt oder sogar ein ganzer Bereich, zum Beispiel unsere Motorenentwicklung, wechselweise Arbeitsplätze in der Motorenfertigung für bestimmte Zeiträume abdeckt.

3.1 Wert „Information und Kommunikation"

Der Einsatz erfolgt auf freiwilliger Basis und reicht von einem zweitägigen Kurzeinsatz bis hin zu einer qualifizierten produktiven Mitarbeit in einer Größenordnung von vier Wochen.

3.1.6 Informations-Ecken

Im Sinne der gezielten Information unserer Fertigungsmitarbeiter ist auch die Einrichtung von sogenannten „Info-Ecken" zu sehen. Im Laufe des Jahres 1992 wurden allein im Werk Regensburg 14 dieser Info-Ecken in allen Fertigungsbereichen installiert. Diese attraktiv gestalteten Kommunikationsinseln (Abbildung B.3.3) geben vor allem Auskunft über qualitätsrelevante Themen und sind damit auch ein wichtiges Instrument der Qualitätsförderung.

Außerdem informieren sie über den aktuellen Stand verschiedener Kennzahlen (zum Beispiel Fehlzeiten, Materialverbrauch etc.) im Sinne der Zielerreichung, bezogen auf vereinbarte Zielsetzungen.

An den Informationstafeln finden sich aber auch Presseberichte, Grafiken, Poster und Texte zu einem breiten Spektrum an Themen, die von allgemeinem Interesse sind.

Abb. B.3.3: Info-Ecken

Foto: *Stefan Hanke*, Regensburg

3.1.7 Arbeits- und Informationskreise

Ein wichtiges Bindeglied im innerbetrieblichen Informations- und Kommunikationsprozeß stellen bei BMW die auch in anderen Großunternehmen üblichen Arbeits- und Informationskreise dar. Im BMW-Werk Regensburg haben wir dieses Netzwerk noch verfeinert und intensiviert durch

- die Ausdehnung regelmäßiger Gesprächsrunden auf alle hierarchischen Ebenen des Werkes;
- die hierarchieübergreifende Besetzung der Arbeits- und Informationskreise auch im Sinne eines aufgabenbezogenen Projektmanagements;
- eine „Überlappung" der Kreise durch die Besetzung mit personellen Bindegliedern (ähnlich den *Likert*schen „linking pins". *Likert*, 1972);
- die Einrichtung ergänzender informeller Kreise, wie zum Beispiel Führungskräfte-Stammtische, gemeinsame Sport- und Freizeitveranstaltungen etc.

3.1.8 Aktuelle Produktinformationen

Als weiteres Beispiel zur aktiven Stärkung des internen Informations- und Kommunikationsprozesses ist die Einrichtung sogenannter MIT-Teams (Mitarbeiter-Informations-Teams) zu nennen, deren Aufgabe die Erarbeitung und Durchführung von werksspezifischen, mitarbeiterbezogenen Informationsprogrammen bzw. -veranstaltungen ist.

So führte ein derartiges fachübergreifend besetztes Team im Werk Regensburg unter anderem interne Präsentationen von neuen Produkten und Modellvarianten für alle Regensburger Mitarbeiter noch während der Phase der Geheimhaltung durch, das heißt lange bevor die ersten Fotos in den einschlägigen Zeitschriften erschienen.

Die Mitarbeiter erfahren dadurch Neuerungen **ihrer** Produkte von **ihrer** Firma und nicht nach dem Motto: „Die Betroffenen erfahren immer alles zuletzt" aus dritten Quellen. Solche Informationen aus erster Hand fördern die Identifikation der Mitarbeiter mit dem Produkt und sind zugleich Ausdruck der Wertschätzung und des Vertrauens, das das Unternehmen den Mitarbeitern entgegenbringt.

3.2 Wert „Leistung und Gegenleistung"

Bezüglich dieses Wertes haben wir bereits hervorgehoben, daß unsere strategische Entscheidung (Abbildung B.2.4, S. 48) im Jahr 1983 das Ziel hatte, in diesem Fall dem Wertetrend bewußt entgegenzusteuern und dem Leistungsprinzip bei BMW weiterhin allerhöchste Priorität beizumessen. Daraus leitete sich die personalpolitische Zielsetzung ab, zwischen der individuellen Leistung des Mitarbeiters und den materiellen und immateriellen Gegenleistungen des Unternehmens einen möglichst starken und direkten Bezug herzustellen.

Aus der daran anschließenden Überprüfung und teilweisen Neugestaltung unseres personalpolitischen Instrumentariums ergab sich eine Vielzahl an Maßnahmen, von denen im folgenden eine kleine Auswahl dargestellt ist.

3.2.1 Einstellungspolitik

Die konsequente Anwendung des Leistungsprinzips in der Personalarbeit beginnt – und dies wird häufig genug vernachlässigt – bereits bei der Einstellungspolitik, das heißt bei der Personalauswahlentscheidung. Nur wenn dort die Vitamine „Q" (für Qualifikation) und „L" (für Leistung) gelten und nicht etwa das berüchtigte Vitamin „B" (für Beziehungen), kann die Grundlage für die Anwendung des Leistungsprinzips gelegt werden.

Dieser Grundsatz war für uns die oberste Maxime bei jeder Auswahlentscheidung für die heute ca. 7.000 Mitarbeiter zählende Belegschaft des Werkes Regensburg. (Diese Zahl schließt die Mitarbeiter des zum Werk Regensburg gehörenden Zweigwerkes Wackersdorf, das 1990 in Betrieb genommen wurde, mit ein.)

3.2.2 Optimierung des Personalauswahlverfahrens

Bei der Vielzahl der anstehenden Einstellungsentscheidungen kommt im Sinne des Leistungsprinzips auch der Optimierung des Personalauswahlverfahrens besondere Bedeutung zu. Um die Entscheidungsqualität sowohl der Fach- als auch der Personalabteilung weiter zu erhöhen, haben wir den Grundgedanken der Assessment-Center-Methode aufgegriffen und in abgewandelter, stark vereinfachter Form erprobt.

a) Personalauswahlverfahren für den kaufmännischen Bereich, für Meister und Spezialisten

In den Jahren 1985 und 1986 wurde ein Auswahlverfahren speziell für den kaufmännischen Bereich sowie zur Auswahl von Spezialisten und Führungskräften im Tarif- und tarifnahen Bereich entwickelt und sowohl bei internen als auch externen Kandidaten angewandt.

Dieses Auswahlverfahren hat folgende Elemente:
  I. Arbeitsplatzbezogenes Anforderungsprofil
 II. „A/B/C-Analyse" der Bewerbungsunterlagen
III. Strukturiertes Einzelinterview
IV. Gruppengespräch
 V. Arbeitssituation

Nachfolgend werden die einzelnen Elemente am Praxisbeispiel der Auswahl eines Personalsachbearbeiters kurz beschrieben.

zu I. Arbeitsplatzbezogenes Anforderungsprofil

Als Voraussetzung und als fundierte Basis für das eigentliche Auswahlverfahren wird als erster Schritt in Abstimmung zwischen Personal- und Fachabteilung ein stellenspezifisches Anforderungsprofil erarbeitet.

zu II. „A/B/C-Analyse"

Durch Abgleichen des Anforderungsprofils und der jeweiligen Bewerbungsunterlagen werden die Bewerber in die drei Kategorien A, B und C eingeteilt (Abbildung B.3.4).

Abb. B.3.4: Beispiel eines Anforderungsprofils für Personalsachbearbeiter

Anforderungsprofil			
	Ausbildung:	Berufserfahrung:	Spezialkenntnisse
A	1. Kfm. Ausbildung; 2. Personalfachkaufmann;	> 5 Jahre im Personalwesen (Beschaffung **und** Abrechnung);	1. Steno- und Schreibmaschinenkenntnisse; 2. EDV-Kenntnisse (PC-Erfahrung);
B	1. Kfm. Ausbildung; 2. evtl. zusätzliche kfm. Fachausbildung;	2 - 5 Jahre im Personalwesen (Beschaffung **oder** Abrechnung);	1. Steno- und Schreibmaschinenkenntnisse **oder** 2. EDV-Kenntnisse (PC-Erfahrung);
C	Keine kfm. Ausbildung;	< 2 Jahre im Personalwesen oder in anderen Bereichen;	keine.

3.2 Wert „Leistung und Gegenleistung"

zu III. Strukturiertes Einzelinterview

Zur Verbesserung der Prognosegüte von Interviews und um aus mehreren Einzelinterviews vergleichbare Ergebnisse zu erzielen, werden die Interviews durch eine Themenliste vorstrukturiert. Diese basiert auf dem fachlichen Anforderungsprofil, ergänzt um die personenbezogenen Anforderungen der Stelle (Abbildung B.3.5).

Abb. B.3.5: Beispiel einer Themenliste für das Einzelinterview

Vorstellungsrunde - Einzelinterview
Personalsachbearbeiter
Themenliste:
0 Einstieg
1 Motive der Bewerbung
2 Lebenslauf - aufgabenbezogener Ansatz
3 Positions- und Aufgabenanalyse
4 EDV-Kenntnisse
5 Besonderheit der Personalarbeit im Werk Regensburg
6 Persönliche Stärken und Schwächen
7 Rückblick - 1 Jahr / Frustrationen und berufliche Erfolge
8 Einarbeitung
9 Zusammenfassung

zu IV. Gruppengespräch

Als Ergänzung des Einzelinterviews werden Gruppengespräche mit mehreren Bewerbern (je nach Stelle 3 bis 6) durchgeführt. Dabei wird über die Stelle (Aufgaben, Zusammenhänge, usw.) gesprochen und über verschiedene Fakten (zum Beispiel Sozialleistungen) informiert.

Art und Ablauf des Gruppengespräches werden den Anforderungen der zu besetzenden Stelle angepaßt und variieren in der Gestaltung von einer Informationsveranstaltung bis zur betrieblichen Besprechungssituation.

zu V. Arbeitssituation

Um die systembedingten Schwächen von Interviews hinsichtlich der Aussage- und Prognosefähigkeit insbesondere im Verhaltensbereich und bei der fachlichen Qualifikation zu kompensieren, wird unser Auswahlverfahren um Arbeitssituationen ergänzt.

Diese Arbeitssituationen beinhalten spezifische Anforderungen und Merkmale der zu besetzenden Stelle und sollen vom jeweiligen Bewerber in einer vorgegebenen Zeit bearbeitet werden (Praxisbeispiele in Abbildungen B.3.6 und B.3.7, S. 64).

Anhand vorher definierter Merkmale erfolgt die Beurteilung der Ergebnisse der Arbeitssituationen.

In den angeführten Beispielen könnten dies folgende Merkmale sein:
– Genauigkeit,
– Formulierungsvermögen,
– Fachwissen Personalauswahl,
– Darstellung (Ablaufschema),
– Verbindung zwischen Abrechnung und Personalbetreuung,
– Fachwissen Abrechnung.

Abschließend werden die Ergebnisse der einzelnen Elemente des Verfahrens unter Verwendung einer 9er-Skala quantifiziert, das heißt eine Bewertung bei einem Merkmal im Rahmen von
1 – 3 bedeutet „nicht geeignet" (unter Durchschnitt),
4 – 6 bedeutet „geeignet" (Durchschnitt),
7 – 9 bedeutet „sehr gut geeignet" (über Durchschnitt).

Die so quantifizierten Ergebnisse des Auswahlverfahrens werden gewichtet und in einem stellenspezifischen Schema „Bewerberqualifikation" festgehalten (Abbildung B.3.8, S. 65).

3.2 Wert „Leistung und Gegenleistung" 63

Abb. B.3.6: Beispiel einer Arbeitssituation für Personalsachbearbeiter aus dem Arbeitsgebiet Personalbeschaffung

---

Personalsachbearbeiter

Arbeitssituation 1

Name: ....

In unserem Werk ist die Stelle für einen Pädagogen bzw. eine Pädagogin in der betrieblichen Weiterbildung zu besetzen.

Nachdem Sie sehr viele Bewerbungen erhalten haben, wollen Sie mehrere Bewerber gemeinsam zu einer Vorstellungsrunde einladen.

Texten sie bitte einen Einladungsbrief, der neben allgemeinen Informationen, die ein solcher Brief immer enthalten muß, über folgende Sachverhalte informiert:

1. Vorstellungsrunde mit sechs Bewerbern.
2. Drei Teile der Vorstellungsrunde:
   - Allgemeine Informationen;
   - Diskussion unter den Bewerbern über ein vorgegebenes Thema;
   - Präsentation, d.h. 5 minütiger Vortrag zu einem vorgegebenen Thema mit entsprechender Vorbereitung.
3. Zeit: 5 Stunden.
4. Kosten werden von uns übernommen.
5. Einzelgespräche zu einem späteren Termin.

Abb. B.3.7: Beispiel einer Arbeitssituation für Personalsachbearbeiter aus dem Arbeitsgebiet Abrechnung mit Verbindung zur Personalbetreuung

---

Personalsachbearbeiter

Arbeitssituation 2

Name: ....

Situation:

Eine Mitarbeiterin (Gehalt brutto DM 3.194,--) erhält eine Sonderzahlung in Höhe von DM 1.000,--. Diese wird von Ihnen für den November veranlaßt.

Das Gehalt inkl. der Sonderzahlung wird zum 30.11. ausbezahlt.

Am 10. Dezember stellen Sie anhand der Kopie der Novemberabrechnung fest, daß irrtümlich DM 10.000,-- statt DM 1.000,-- als Betrag auf der Abrechnung erscheinen.

Frage:

Erläutern Sie mit Hilfe eines Ablaufschemas, wie Sie die Überzahlung im Monat Dezember bereinigen.

Was müssen Sie berücksichtigen?

Wen müssen Sie wann informieren?

3.2 Wert „Leistung und Gegenleistung"

Abb. B.3.8: Schema „Bewerberqualifikation" am Beispiel eines Personalsachbearbeiters

Bewerberqualifikation	Personalsachbearbeiter		

Name: ....

		Gewicht	Bewertung	Summe
1.	Ausbildung	15		
2.	einschlägige Berufserfahrung	15		
3.	Spezialkenntnisse (EDV/PC)	5		
4.	mündl. Ausdrucksvermögen	10		
5.	Belastbarkeit	15		
6.	Kontaktfähigkeit	10		
7.	Wirkung des Auftretens	10		
8.	Arbeitssituation	20		
		100		

Teilnehmer: ....
....
....

Datum: ....

b) Personalauswahlverfahren für den Fertigungsbereich

Die Erfahrungen mit dem eben geschilderten Verfahren waren positiv und ermutigten uns, dieses auf breiterer Basis anzuwenden. So wurde 1993 ein Auswahlverfahren für Mitarbeiter der Fertigung konzipiert, bei dem insbesondere den spezifischen Anforderungen der neuen Arbeitsstrukturen, wie Team- und Kommunikationsfähigkeit, Veränderungsbereitschaft und den Sozialkomponenten, besondere Bedeutung beigemessen wird.

Das Konzept dieses Personalauswahlverfahrens für den Fertigungsbereich sieht 3 Stufen mit insgesamt 9 Elementen vor:

		Elemente
1. Stufe	I.	Arbeitsplatzbezogenes Anforderungsprofil
	II.	„A/B/C-Analyse" der Bewerbungsunterlagen
	III.	Ärztliche Untersuchung
2. Stufe	IV.	Informationsrunde
	V.	Besichtigung des Gruppenarbeitsbereiches
	VI.	Situatives Gruppenverfahren
	VII.	Halbstrukturiertes Einzelinterview
3. Stufe	VIII.	Informationstag

zu I. Arbeitsplatzbezogenes Anforderungsprofil

Wiederum wird als Voraussetzung für das eigentliche Auswahlverfahren ein stellenspezifisches Anforderungsprofil erarbeitet, hier in Abstimmung zwischen Personalsachbearbeiter und Meister.

zu II. „A/B/C-Analyse"

Auch das Element der „A/B/C-Analyse" wurde übernommen. Eine erste Vorauswahl erfolgt dadurch, daß Bewerber der Kategorie C eine Absage für diesen Arbeitsplatz erhalten (Abbildung B.3.9).

zu III. Ärztliche Untersuchung

Der Bewerber füllt einen Fragebogen zu seiner gesundheitlichen Verfassung aus und wird durch den Betriebsarzt arbeitsplatzbezogen im Hinblick auf eventuelle Einschränkungen untersucht.

3.2 Wert „Leistung und Gegenleistung"

Abb. B.3.9: Beispiel eines Anforderungsprofils für den Karosserierohbau

	Ausbildung:	Berufserfahrung:	Sonstiges:
A	1. Mind. Hauptschulabschluß; 2. Facharb.-Prüfung in einem Metallberuf; Bemerkung:	> 3 Jahre;	1. Weiterbildung (Schweißerpaß etc.); 2. gute Deutschkenntnisse in Wort und Schrift; 3. Bereitschaft zu Schicht-/Samstagsarbeit;
B	1. Hauptschulabschluß; 2. Facharb.-Prüfung in einem Metallberuf oder Facharb.-Prüfung in einem Nicht-Metallberuf oder ohne Facharb.-Prüfung; Bemerkung:	0- 1 Jahr; > 2 Jahre; > 5 Jahre;	1. ohne Weiterbildung; 2. gute Deutschkenntnisse; 3. Bereitschaft zu Schicht-/Samstagsarbeit;
C	1. Hauptschulabschluß, aber ohne Berufsausbildung;	< 5 Jahre;	1. ohne Weiterbildung; 2. Bereitschaft zu Schicht-/Samstagsarbeit, jedoch geringe Deutschkenntnisse.

zu IV. Informationsrunde

Ziel dieser Informationsrunde ist eine umfassende Information des Bewerbers mit folgenden Schwerpunkten:
- Ablauf des Auswahlverfahrens,
- Sinn und Notwendigkeit des Verfahrens, insbesondere vor dem Hintergrund neuer Arbeitsstrukturen,
- Einsatzmöglichkeiten,
- Arbeitszeit,
- Entgelt und Zusatzleistungen,
- Allgemeine Informationen zur BMW AG und zum Werk Regensburg.

zu V. Besichtigung des Gruppenarbeitsbereiches

Als fünfter Baustein ist eine ca. 60minütige Besichtigung des Gruppenarbeitsbereiches geplant. Der Bewerber soll durch die dabei erlangten Informationen bezüglich des Arbeitssystems (technisch) und sonstiger Rahmenbedingungen im Sinne einer echten „zweiseitigen Entscheidung" eine fundierte Basis für seinen eigenen Entscheidungsprozeß erhalten.

Von betrieblicher Seite werden dabei mittels einer Auswertungsmatrix Informationen über den Erfüllungsgrad der definierten Anforderungen „Engagement und Interesse" des Mitarbeiters festgehalten (Abbildung B.3.10).

zu VI. Situatives Gruppenverfahren

In einer Gruppendiskussion mit Aufgabenorientierung werden die Bewerber mit einer Situation aus dem betrieblichen Alltag konfrontiert.

Dabei ist folgender Ablauf vorgesehen:
1. Den Bewerbern wird eine Situation aus dem betrieblichen Alltag geschildert.
2. Jeder Bewerber erhält eine bestimmte Anzahl von Karten, die spezifische Informationen zur geschilderten Situation enthalten.
3. Die Bewerber erhalten die Aufgabe, mit den ihnen zur Verfügung gestellten Informationen die Problemsituation gemeinsam zu lösen und das Ergebnis darzustellen.

Ein typisches Beispiel für eine Aufgabenstellung ist die selbständige Urlaubsplanung einer Arbeitsgruppe bei sich überschneidenden Interessen (Abbildung B.3.11, S. 70).

Anschließend werden an die Bewerber Karten mit Zusatzinformationen verteilt (Abbildung B.3.12, S. 71).

Die Bewerber haben die Aufgabe, mit den zur Verfügung gestellten Informationen die Urlaubsplanung für die Gruppe durchzuführen. Als gemeinsames Ergebnis soll eine Liste aller in der nächsten Woche anwesenden Mitarbeiter geliefert werden.

Während der Bearbeitung der Aufgabe werden die Bewerber im Hinblick auf folgende Auswahlkriterien beobachtet:
– Teamfähigkeit,
– Flexibilität,
– Kommunikationsfähigkeit,
– Engagement/Interesse.

Zur Beobachtung der einzelnen Merkmale werden wieder Auswertungsmatrizen zur Verfügung gestellt (Beispiele in Abbildungen B.3.13, S. 72, und B.3.14, S. 73).

3.2 Wert „Leistung und Gegenleistung"

Abb. B.3.10: Beispiel einer Auswertungsmatrix zur Beobachtung des Merkmals „Engagement und Interesse" während der Besichtigung des Gruppenarbeitsbereiches

Engagement/Interesse Der Bewerber zeigt Engagement und Interesse für den Arbeitsbereich. Er bringt seine Kenntnisse und Fähigkeiten aktiv ein.	ungenügend 0	zu wenig 1	erwünscht 2	zu viel 1	übertrieben 0
	Indikatoren –läuft nur hinterher; –„sieht mehr an die Decke" als auf den Arbeitsplatz; –stellt keine Fragen.	Indikatoren –stellt nur belanglose Fragen; –interessiert sich mehr für das Umfeld als für das, was der Meister zeigt.	Indikatoren –interessiert sich offensichtlich für den Arbeitsplatz; –stellt gezielte Fragen; –spricht Gruppenmitglieder an; –möchte den Takt versuchen; –beachtet Anweisungen; –hat Blick für Arbeitssicherheit, z.B. läuft nicht in der Staplerfahrbahn; –beachtet Sicherheitsbestimmungen.	Indikatoren –stellt Fragen zu allem, was der Meister sagt; –hält durch Fragen Gruppenmitglieder von der Arbeit ab.	Indikatoren –drängt sich permanent an den Meister; –läßt andere nicht zu Wort kommen; –biedert sich an.
Bewerber					
1					
2					
3					
4					
5					

Abb. B.3.11: Beispiel für eine Aufgabenstellung im situativen Gruppenverfahren

---

Urlaubsplanung

Folgende **Ausgangssituation** wird den Bewerbern geschildert:

6 Mitarbeiter arbeiten in einer Arbeitsgruppe in der Produktion. Die Gruppe setzt sich wie folgt zusammen:

Hr. Huber	Instandhalter
Hr. Müller	Produktionsmitarbeiter
Fr. Klein	Produktionsmitarbeiterin
Hr. Maier	Instandhalter
Fr. Grün	Produktionsmitarbeiterin
Hr. Schwarz	Produktionsmitarbeiter

Diese Mitarbeiter haben die Aufgabe, vier Anlagen zu bedienen. Die Mitarbeiter organisieren sich ihre Arbeit weitgehend selbst, d.h. sie teilen sich z.B. selbständig die Anlagen ein, planen ihren Urlaub selbst.

Alle Mitarbeiter der Gruppe, d.h. auch die Instandhalter, können an jeder Anlage Teile produzieren.

Rahmenbedingung für die Urlaubseinteilung ist, daß

      1. alle vier Anlagen besetzt sind;
      2. in der Arbeitsgruppe mindestens ein Instandhalter anwesend ist.

3.2 Wert „Leistung und Gegenleistung"

Abb. B.3.12: Beispiel für den Inhalt der Informationskarten

Inhalt der Karten:

- Es müssen immer vier Mitarbeiter anwesend sein
- Der Meister möchte, daß bei Umbauten an den Anlagen erfahrene Mitarbeiter anwesend sind
- Fr. Klein, Hr. Maier, Fr. Grün und Hr. Müller möchten in der kommenden Woche in Urlaub gehen
- Hr. Müller ist neuer Mitarbeiter
- Fr. Klein arbeitet schon seit 10 Jahren in der Gruppe
- Die vier Anlagen müssen jeden Tag besetzt sein
- Die Mitarbeiter mit schulpflichtigen Kindern werden bei der Urlaubsverteilung während der Ferienzeit bevorzugt
- Jeder Mitarbeiter der Gruppe kann an allen Anlagen arbeiten
- Fr. Grün will mit ihren Kindern Ferien in Österreich machen
- Fr. Klein möchte in der nächsten Woche gerne Urlaub nehmen
- An jeder Anlage arbeitet ein Mitarbeiter
- Fr. Klein hat die meiste Erfahrung mit den Anlagen
- In der kommenden Woche sind Schulferien
- Fr. Grün hat zwei Kinder im Alter von 9 und 12 Jahren
- In der nächsten Woche wird eine Anlage umgebaut
- Auch Instandhalter produzieren an den Anlagen
- Hr. Müller wird von Frau Klein angelernt

Abb. B.3.13: Beispiel einer Auswertungsmatrix zum Merkmal „Teamfähigkeit" im situativen Gruppenverfahren

Teamfähigkeit	ungenügend	zu wenig	erwünscht	zu viel	übertrieben
Der Bewerber kann sich zielorientiert in eine Gruppe einbringen und akzeptiert die Meinungen und Entscheidungen der Gruppe. Er geht offen und ohne Vorurteile auf andere Menschen zu, ist hilfsbereit und kann sich deren Vertrauen erwerben.	0	1	2	1	0
Konkretisierung: Gruppe leistet mehr als bestes Mitglied, wenn – unterschiedliche Auffassungen ohne Druck der Gruppe diskutiert werden können; – auf Probleme hingewiesen werden darf, auch ohne passende Lösung; – unkonventionelle Lösungsvorschläge eingebracht werden können und vorbehaltlos darüber diskutiert werden kann.	Indikatoren -vermeidet jeden Konflikt; -behält Wissen für sich; -äußert keine eigene Meinung; -kapselt sich ab; -folgt stets der Gruppenmeinung; -kann nicht NEIN sagen.	Indikatoren -stellt Einzelmeinung vor Gruppenmeinung; -beharrt auf Akzeptanz; -wirkt kritikunfähig.	Indikatoren -bemüht sich um ein positives Gesprächsklima, indem er z.B. bei Konflikten zu vermitteln versucht; -versucht, Spannungen zu reduzieren; -geht auf Vorschläge anderer Teilnehmer ein; -wird von anderen spontan anerkannt, diese äußern dies z.B durch bestätigendes Kopfnicken; -versucht, Ziele / Ergebnisse zusammen mit den anderen zu erreichen.	Indikatoren -versucht, es jedem recht zu machen.	Indikatoren -spielt sich in den Vordergrund; -versucht, um jeden Preis Recht zu bekommen; -läßt nur seine Meinung gelten; -will die Gruppe unbedingt dominieren.

Bewerber					
1					
2					
3					
4					
5					

3.2 Wert „Leistung und Gegenleistung"

Abb. B.3.14: Beispiel einer Auswertungsmatrix zum Merkmal „Flexibilität" im situativen Gruppenverfahren

	ungenügend 0	zu wenig 1	erwünscht 2	zu viel 1	übertrieben 0
Flexibilität Der Bewerber ist aufgeschlossen gegenüber Neuerungen und Veränderungen. Er kann das eigene Verhalten ändern, um das Ziele zu erreichen. Konkretisierung: Neuerungen im Sinne von – veränderte Arbeitsabläufe, neue Strukturen; – veränderte Aufgabenzuordnung (andere Tätigkeit oder Aufgabenanreicherung); – Flexibilität im Sinne von Mobilität (andere Standorte), gruppen-, abteilungsübergreifend; – geistige Flexibilität; – Umgang mit ständig wachsender Komplexität in Umwelt und Unternehmen; – Probleme erkennen, diskutieren, an Verbesserungen mitarbeiten und konsequent umsetzen.	Indikatoren – erkennt keine Probleme; – braucht feste, absichernde Struktur; – sträubt sich gegen Veränderungen/Verbesserungen; – tut nichts zur Umsetzung von Lösungsvorschlägen; – lebt in latenter Angst vor Veränderungen; – igelt sich ein; – sieht in Veränderungen keine positiven Ansätze zur persönlichen Weiterentwicklung.	Indikatoren – spricht zwar Probleme an, tut aber nichts zur Lösung der Probleme; – akzeptiert Veränderungen nur widerwillig; – gibt bei Widerständen schnell auf; – reagiert schwerfällig und skeptisch; – signalisiert Vertretungsbereitschaft nur innerhalb der Abteilung.	Indikatoren – findet sich schnell in ungewohnten Situationen zurecht; – beweist gute Auffassungsgabe; – kann Verbesserungen schnell umsetzen; – bereit für Wechsel an andere Standorte; – erkennt Probleme und arbeitet an deren Verbesserung mit; – sieht in Veränderungen Weiterentwicklungsmöglichkeiten für sich selbst; – versucht, bei Veränderungen sich selbst mitzugestalten; – weiß sich in kritischen Situationen zu helfen; – sucht Sonderaufgaben.	Indikatoren – achtet nicht auf die Umsetzung gefundener Lösungen; – entwickelt statt dessen wieder neue Ideen; – verliert das Ziel aus den Augen; – wechselt häufig seine Meinung.	Indikatoren – überfordert andere mit ständig neuen Einfällen; – neigt zu voreiligen, nicht praktikablen Problemlösungen.
Bewerber					
1					
2					
3					
4					
5					

zu VII. Halbstrukturiertes Einzelinterview

Als siebter und letzter Schritt der Stufe 2 ist ein Einzelinterview vorgesehen, welches durch Fragen-Vorschläge und eine Checkliste der zu beobachtenden Merkmale methodisch vorbereitet ist. Das Interview wird durch den Meister und den Personalsachbearbeiter durchgeführt.

Dabei wird auf folgende Kriterien geachtet:
- Allgemeiner Eindruck (Auftreten, Auffassungsgabe, sprachlicher Ausdruck etc.),
- Selbständigkeit,
- Loyalität,
- Teamfähigkeit,
- Kritikfähigkeit,
- Kommunikationsfähigkeit,
- Flexibilität,
- Engagement,
- Bildungsbereitschaft,
- Verantwortungsbewußtsein,
- fachliche Qualifikation,
- Einstellung zu Schichtarbeit,
- Entgelt (bisher, Wunsch / Vorstellung).

zu VIII. Informationstag

Bewerber, die nach den ersten beiden Stufen in die engere Wahl kommen, werden in der dritten Stufe zu einem Informationstag eingeladen. Dieser Informationstag ist wie ein „Schnupperarbeitstag" gestaltet und deckt folgende Ziele ab:
- bessere Entscheidungsgrundlage für den Bewerber, das heißt Informationstag als Instrument zur Selbstselektion,
- Senkung der Fluktuationsquote in den ersten Monaten,
- Information über den Bewerber in einer annähernd realistischen Situation,
- Meister kann seinen potentiellen Mitarbeiter im betrieblichen Alltag beobachten,
- die Arbeitsgruppe kann ihren möglichen neuen Kollegen kennenlernen.

Der Gesamteindruck des Meisters vom Bewerber während des Informationstages wird, zusammen mit den Ergebnissen der vorhergehenden Schritte des Auswahlverfahrens, in einem zweiteiligen Auswertungsbogen festgehalten (Abbildungen B.3.15 und B.3.16, S. 76).

3.2 Wert „Leistung und Gegenleistung"

Abb. B.3.15: Auswertungsbogen Auswahlverfahren Teil 1

Persönliche Daten

Name, Vorname		Position	Nationalität
Fachabteilung	Alter	Bundeswehr	Aufenthaltserlaubnis
Eintrittsmöglichkeit	Kündigungsfrist	Sonstiges	Arbeitserlaubnis
ungekündigt		gekündigt	arbeitslos
extern	intern	Stamm-Nr.	Kurzzeichen

Beurteilung / Interview	0	1	2	1	0

• Allgemeiner Eindruck
  - äußere Erscheinung (schlampig, gepflegt, ...)
  - Auftreten (arrogant, bescheiden, höflich, ...)
  - Auffassungsgabe
  - sprachlicher Ausdruck
  - Zielstrebigkeit, Wille zum Weiterkommen					

• Selbständigkeit					
• Loyalität					
• Teamfähigkeit					
• Kritikfähigkeit					
• Kommunikationsfähigkeit					
• Flexibilität					
• Engagement					
• Bildungsbereitschaft					
• Verantwortungsbewußtsein					
• fachliche Qualifikation					
• Schichtarbeit / Arbeitszeitmodell					

• Entgelt
  - bisher Stunden / Monat / Jahr
  - bisher / Wunsch					

Abschließend wird auf der Basis aller vorliegenden Entscheidungsgrundlagen die Auswahlentscheidung als gemeinsame Entscheidung von Fachabteilung und Personalwesen getroffen.

Abb. B.3.16: Auswertungsbogen Auswahlverfahren Teil 2*

1. Stufe	Ergebnis der A/B/C - Analyse							A	B	C

2. Stufe									
Kriterien	Info-Runde	Besichtigung Gruppenarbeitsbereich	Situatives Gruppenverfahren	Einzelinterview	0	1	2	1	0
Selbständigkeit									
Loyalität									
Teamfähigkeit									
Kritikfähigkeit									
Kommunikationsfähigkeit									
Flexibilität									
Engagement/ Interesse									
Bildungsbereitschaft									
Verantwortungsbewußtsein									
Fachliche Qualifikation									

Empfehlung:

Informationstag: nein ☐   ja ☐   Datum ....

3. Stufe					
Informationstag: (Gesamteindruck durch den Meister)	0	1	2	1	0

Ergebnis

Absage ☐

Eintritt ☐   zum ....   Ergebnis der ärztlichen Untersuchung in der Anlage

Verdienst: .... DM

....
Personalwesen TR-6...   Fachbereich TR-.....

* Die für die einzelnen Schritte der Stufe 2 zu erhebenden Kriterien sind grau unterlegt.

3.2.3 Führungskräftepolitik

Die Anwendung des Leistungsprinzips bei der Personalauswahl muß sich auch in der Führungskräftepolitik im Sinne einer leistungsorientierten qualitativen Personalplanung fortsetzen.

Gute Führungskräfte werden weder „geboren" noch „gemacht". Sie müssen sich durch ständiges Lernen selbst dazu entwickeln.

Im Sinne dieser Zielsetzung haben wir 1994 ein **Führungsleitbild** entwickelt, das durch folgende Kriterien beschrieben wird:
- Führen ist eine persönliche Leistung und nicht das Anwenden von Personalsystemen.
- Der Erfolg der Führungsleistung hängt dabei ab vom gelebten Vorbild sowie von der Identität und Glaubwürdigkeit der Einzelperson.
- Gute Führungskräfte besitzen die Souveränität, effiziente Teamstrukturen zu entwickeln und gleichzeitig „starke" Mitarbeiter im Team zu fördern. Sie fordern anspruchsvolle Ziele, lassen sich aber auch selbst fordern.
- Sie stellen sich persönlich nicht in den Vordergrund, sondern unter die Aufgabe.
- Sie definieren im Rahmen von konkreten Zielvereinbarungen klare Freiräume für eigenverantwortliches Handeln und initiieren, begleiten und fördern dabei die Eigeninitiative und die Veränderungsbereitschaft ihrer Mitarbeiter.
- Sie besitzen die Fähigkeit zur Entwicklung von „realistischen" Visionen.
- Sie weisen ein hohes Maß an Kontakt- und Kommunikationsfähigkeit auf.
- Sie schaffen bei aller Kosten- und Ergebnisorientierung ein Klima, das es erlaubt, ihre Mitarbeiter zu begeistern und ihnen Spaß an der Arbeit zu vermitteln.
- Sie geben Sicherheit und Rückendeckung durch den gelebten Grundsatz „Vertrauen geht vor Kontrolle". Sie ziehen aber auch entschieden Konsequenzen, wo es nötig ist. Dabei orientieren sie sich am Resultat, stellen sich der Verantwortung und verzichten auf Ausreden und Alibis.

Wer den Gedanken des Leistungsprinzips bei den Führungskräften verankern will, muß damit bei der Auswahlentscheidung für diese Führungskräfte beginnen.

Dies impliziert auch die Loslösung von leistungsfremden Kriterien, wie zum Beispiel dem Geschlecht des Kandidaten, für die jeweilige

Führungsposition. So sieht der Verfasser eine Bestätigung dieses Prinzips in der Tatsache, daß zwei von vier, das heißt die Hälfte der ihm persönlich berichtenden Abteilungsleiter des Personal- und Sozialwesens im Werk Regensburg, Frauen sind. Eine in einem Werk der Automobilindustrie – die traditionell als „frauenfeindlich" gilt – durchaus nicht selbstverständliche Relation.

3.2.4 Frauenförderung und Familienpolitik

Frauenförderung bei BMW heißt aber nicht nur Karriereförderung qualifizierter Mitarbeiterinnen. Vielmehr geht es im Rahmen unserer betrieblichen Familienpolitik darum, geeignete Rahmenbedingungen zu schaffen, die es Frauen wie Männern ermöglichen, Familie und Beruf „unter einen Hut" zu bringen.

Gerade auf diesem Gebiet wurde die Dynamik des Wertewandels in den letzten Jahren besonders deutlich. Nicht nur Frauen, sondern auch Männer haben immer häufiger den Wunsch, ihr Leben flexibel zu gestalten und dabei weder auf die Erfahrung aus dem Beruf noch aus der Familie verzichten zu müssen.

Warum soll die Mutterschaft für die Frau den Abschied aus der Arbeitswelt bedeuten? Und warum soll umgekehrt dem berufstätigen Vater keine Zeit zur Betreuung seiner Kinder bleiben?

Auf diese Fragen versuchen wir, eine positive Antwort zu geben. Deshalb haben wir, gemeinsam mit dem Betriebsrat, seit 1990 unternehmensweit gültige Lösungen entwickelt, die helfen sollen, Beruf und Familie besser aufeinander abzustimmen.

Dabei handelt es sich um ein Maßnahmenpaket mit flexiblen Angeboten, die die Familien nutzen können, aber nicht müssen. Im Rahmen der individuellen Betreuung werden u. a. folgende Bausteine angeboten:
– eine Familienpause von bis zu 10 Jahren (bei mehreren Kindern);
– die Aufrechterhaltung einer kontinuierlichen Beziehung zum Unternehmen während der Familienpause;
– Bildungsangebote zur Förderung der Wiedereinstellung;
– flexible Arbeitszeitmodelle;
– das Kinderbüro.

3.2.5 Kinderbüro

Im Jahre 1992 wurde am Standort München im Zusammenwirken mit anderen Unternehmen ein Kinderbüro eingerichtet, um den Mitarbeitern durch entsprechende Beratung und Vermittlung eine optimale Betreuung ihrer Kinder zu sichern, ganz gleich, ob sie zum Beispiel einen Kindergartenplatz, eine Tagesmutter oder eine kurzfristige Betreuung für ihr Kind suchen.

Das Kinderbüro gibt eine Orientierungshilfe im unübersichtlichen Geflecht der privaten und öffentlichen Einrichtungen. Die Ansprechpartner sind zum Beispiel staatliche und kirchliche Einrichtungen, freie Träger und Elterninitiativen, Initiativen der Familienselbsthilfe, Mütterzentren und Tagesmütter. Das Zusammenwirken der verschiedenen Institutionen ist in Abbildung B.3.17 (S. 80) dargestellt.

Durch fundierte Beratung unterstützt das Kinderbüro den angestrebten Lösungsweg und hilft, das richtige Angebot für den jeweils individuellen Bedarf auszuwählen.

3.2.6 Personalbetreuungskonzept

Eine der wichtigsten Gegenleistungen des Unternehmens für die entsprechende Leistung des Mitarbeiters (und gleichzeitig zweifellos auch eine der Ursachen für diese) ist in der Personalbetreuung zu sehen.

Im Rahmen der Entwicklung des Personalbetreuungskonzepts für das Werk Regensburg haben wir den bei uns bewährten Grundgedanken des Referentensystems weiterentwickelt und konsequent umgesetzt.

Bereits seit der Inbetriebnahme des Werkes standen Mitarbeitern und betrieblichen Vorgesetzten persönliche Ansprechpartner (Referenten/Sachbearbeiter) bei der Personalbeschaffung und -betreuung sowie der Lohn- und Gehaltsabrechnung als Berater zur Seite.

Seit 1992 sind auch die Bildungsreferenten/Organisationsentwicklungs-Berater in die Personalreferate integriert. Damit ist die ganzheitliche Behandlung aller personellen Probleme eines abgegrenzten, überschaubaren Betreuungsbereiches gegeben. Dies ermöglicht eine umfassende Betreuung der Mitarbeiter sowie eine kompetente Beratung der Führungskräfte.

Der regelmäßige Kontakt zwischen Personalreferent/Bildungsreferent, Führungskraft und Mitarbeiter bietet die Chance, leistungshemmende Faktoren beim Mitarbeiter und in seinem Umfeld frühzeitig zu erkennen und gegebenenfalls zu beseitigen.

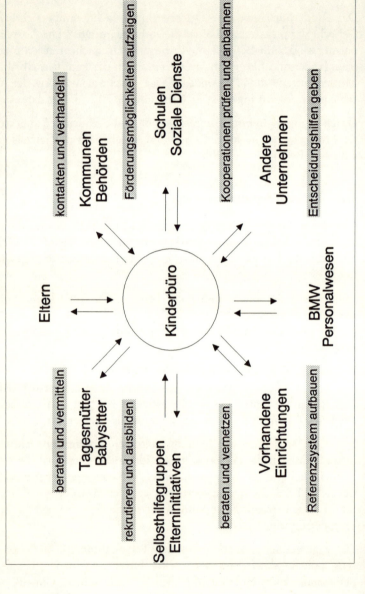

Abb. B.3.17: Das Kinderbüro als Hilfe zur Selbsthilfe

3.2.7 Neuer Typ Personalsachbearbeiter

Im Sinne dieser Intensivierung der Personalbetreuung haben wir auch einen neuen Typ des Personalsachbearbeiters geschaffen.

Dazu haben wir die Lohndatenerfassung sowie die Lohn- und Gehaltsabrechnung organisatorisch und aufgabenmäßig nicht nur in die Personalreferate, sondern – noch einen Schritt weitergehend – direkt in die Personalsachbearbeiterfunktion integriert.

Damit entstand ein neuer Personalsachbearbeitertyp mit erweiterten Aufgabeninhalten (Beschaffung, Betreuung und Abrechnung), einer interessanten Tätigkeit, gleichzeitig aber auch mit erhöhten Qualifikationsanforderungen.

Die bei BMW bisher übliche Spezialisierung auf Sachbearbeiterebene wurde aufgehoben und damit eine Personalarbeit „aus einem Guß" auch auf Sachbearbeiterebene ermöglicht.

Mit der bereits erwähnten Integration der Organisationsentwicklung und der Bildungsarbeit in die Personalreferate wurde im Werk Regensburg ein weiterer Schritt in diese Richtung getan. Zur Zeit sammeln wir dort erste Erfahrungen mit der Verlagerung von Bildungsaufgaben auf Personalsachbearbeiter.

3.2.8 Leistungsorientierte Entgeltpolitik

Nun zu dem Gebiet der materiellen Gegenleistungen des Unternehmens. Hier kommt einer leistungsorientierten Entgeltpolitik für alle Mitarbeitergruppen eine herausragende Bedeutung zu. Obwohl leistungsfördernde Lohn-, Gehalts- und Zusatzleistungssysteme schon immer einen Eckpfeiler der Personalarbeit bei BMW darstellten, wurden die entsprechenden Systeme im Rahmen der werteorientierten Personalpolitik nochmals optimiert.

So wurde zum Beispiel im Entgeltsystem für Führungskräfte und außertarifliche Mitarbeiter die Relation der variablen zu den fixen Entgeltbestandteilen im Sinne eines direkten Leistungsbezugs deutlich zugunsten umfassenderer variabler Bestandteile verschoben. Seit 1989 ist die Tantiemezahlung an unsere Führungskräfte systemseitig sogar voll variabel. Sie hängt zu 100 % von der persönlichen Leistung und dem Unternehmensergebnis (das heißt der Unternehmensgesamtleistung) ab.

3.2.9 Leistungs- und Potentialportfolio für Führungskräfte

Auch die Einschätzung der persönlichen Leistung der einzelnen Führungskraft als Maßstab für Entgelt und persönliche Entwicklungschancen wurde in diesem Zusammenhang auf eine neue Basis gestellt. Im Mittelpunkt des mehrstufigen Beurteilungs- und Personalentwicklungsprozesses für Führungskräfte steht das offene und vertrauensvolle Gespräch zwischen Vorgesetzten und Mitarbeitern.

Deshalb empfehlen wir dem Vorgesetzten, sich zunächst anhand eines Leitfadens für das Mitarbeitergespräch im außertariflichen Bereich (Anlagen 1, S. 143, und 2, S. 144 f.) ein eigenes Bild über die individuelle Leistung und das mögliche Aufstiegspotential seines Mitarbeiters zu machen.

Um diese vorläufige Leistungseinschätzung auf eine breitere Basis zu stellen, wird sie in eine Gesprächsrunde mit vergleichbaren Funktionsträgern bzw. Kollegen eingebracht. Das heißt, die Leistungs- und Potentialeinschätzung wird nicht mehr durch den jeweiligen Vorgesetzten isoliert vorgenommen, sondern ergänzt durch Erkenntnisse und Erfahrungen interner Partner („Kunden") und anderer tangierter Fachbereiche.

Die Ergebnisse werden anschließend in einem Leistungs- und Potential-Portfolio (Abbildung B.3.18) zusammengefaßt, welches die Grundlage für alle folgenden individuellen Entgelt- und sonstigen Personalentwicklungsmaßnahmen darstellt.

Das Mitarbeitergespräch selbst wird in aller Regel abschließend nach der Gesprächsrunde auf der Basis der Portfoliopositionierung geführt, um die übergreifenden Aspekte mit einbringen zu können.

Die Gesprächsrunden verschiedener hierarchischer Führungskräfteebenen bauen aufeinander auf und münden in Ergebnisrunden der Fachbereiche, Werke und Ressorts.

Hier werden
– gesamthaft die Ergebnisse der Gesprächsrunden dargestellt,
– wesentliche Strukturdaten diskutiert,
– generelle Zielvorgaben formuliert und
– Eckdaten der Personalentwicklungsmaßnahmen verabschiedet.

3.2 Wert „Leistung und Gegenleistung"

Abb. B.3.18: Leistungs- und Potentialportfolio

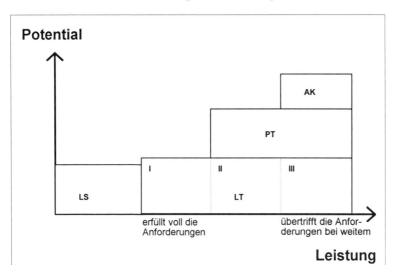

Legende:

LS: Leistungsschwacher Mitarbeiter, d.h. Leistung und/oder Verhalten des Mitarbeiters entsprechen nicht den Anforderungen der **gegenwärtigen** Funktion.

LT: Leistungsträger, d.h. Leistung und (soziale) Kompetenz sind gefestigt. Der Mitarbeiter ist eine verläßliche Stütze für den Erfolg und repräsentiert ein breites Spektrum an Leistungsmöglichkeiten.

PT: Potentialträger, d.h. der Mitarbeiter ragt hinsichtlich Leistung und Entwicklungspotential deutlich heraus. Er besitzt weitergehende Qualifikationen für anspruchsvollere Aufgaben, die jedoch noch ausgebaut und abgesichert werden müssen.

AK: Aufstiegskandidat, d.h. der Mitarbeiter besitzt ein exzellentes Leistungsvermögen, das er bereits mehrfach unter Beweis stellen konnte; er hat unmittelbares Potential für Aufgaben der nächsthöheren Gehaltsebene.

3.2.10 Leistungsbezogener Monatslohn

Im Tarifbereich sind insbesondere die aktuellen Überlegungen zur Einführung eines leistungsbezogenen Monatslohns erwähnenswert.

Bei unserem derzeitigen Leistungslohnsystem, dem Akkordlohn, dient die Stückzahl als Hauptmerkmal zur Leistungslohndifferenzierung. Gerade in verketteten oder teilautomatisierten Fertigungen kann jedoch die Stückzahl nur noch bedingt vom Mitarbeiter beeinflußt werden. Der individuelle Leistungsbezug ist somit nicht mehr gegeben. Außerdem erfordern auch die neuen Formen der übergreifenden Zusammenarbeit eine neue Leistungsdefinition auf der Grundlage qualitativer Kriterien.

Entsprechend unserem Grundsatz der Übereinstimmung von „Leistung und Gegenleistung" streben wir eine individuelle Differenzierung des Lohns aufgrund des persönlichen Leistungsverhaltens des Mitarbeiters an. Persönliches Leistungsverhalten kann dabei ausdrücklich sowohl eine individuelle Leistung als auch ein Beitrag zum Gruppenergebnis sein.

Dies zeigen auch einige der möglichen Leistungskriterien des derzeit noch in Planung befindlichen neuen Lohnsystems, wie zum Beispiel

– Zusammenarbeit in der Gruppe,
– ganzheitliches Qualitätsverhalten,
– Flexibilität und
– Initiative.

3.2.11 Arbeitsplatzbewertung und Funktionsbilder

Aber auch die Kriterien und Maßstäbe der Arbeitsplatzbewertung als ein grundlegender Bestandteil des neuen Lohnsystems werden sich verändern. Dabei geht der Trend von der analytischen zur summarischen Betrachtungsweise.

Denn: Neue Formen der übergreifenden Zusammenarbeit, wie zum Beispiel die Integration von Sekundärfunktionen und die Aufgabenerweiterung innerhalb der Fertigungsaufgabe, führen zu komplexeren, umfangreicheren und vielgestaltigeren Arbeitsaufgaben.

Diese werden zu sinnvollen Tätigkeitsbildern, den „Funktionsbildern", kombiniert und unter Anwendung einer ganzheitlichen Betrachtungsweise summarisch bewertet. Dabei werden Anforderungen aus den neuen Arbeitsstrukturen (siehe auch Kapitel B.3.4.3), wie Selbständigkeit und Verantwortung, genauso berücksichtigt wie der flexible Einsatz in erweiterten Grundqualifikationen. Die bisherige Überbetonung von Belastungen, wie sie noch aus dem Genfer Schema von 1950 resultiert, wird korrigiert.

3.2.12 Erfolgsbeteiligung und Vermögensbildung

In Ergänzung zur jährlich bar ausbezahlten Erfolgsbeteiligung bieten wir allen Mitarbeitern seit 1989 durch den Bezug von Vorzugsaktien eine Beteiligung an der Substanz des Unternehmens an.

Im Rahmen dieser Form der Vermögensbildung wird den Mitarbeitern einmal pro Jahr eine bestimmte Anzahl von Vorzugsaktien zu einem günstigen, vom Unternehmen bezuschußten Kurs angeboten. Die Anzahl sowie die sonstigen Kaufbedingungen werden jedes Jahr neu festgelegt.

Die BMW-Vorzugsaktien haben kein Stimmrecht. Sie beinhalten dafür jedoch zusätzlich zur Dividende einen Vorabgewinnanteil von 1,– DM je 50-DM-Aktie.

Der sich aus dem Zuschuß ergebende Kursvorteil ist nach derzeitiger Steuergesetzgebung bis zu 300,– DM je Jahr steuerfrei. Diese Steuerfreiheit bedingt eine 6jährige Sperrfrist der Vorzugsaktien, die danach an den deutschen Wertpapierbörsen handelbar sind. Die Mitarbeiter-Vorzugsaktien können auch als vermögenswirksame Anlageform genutzt werden, was bei Erfüllung der staatlichen Förderungsbedingungen die Zahlung der Arbeitnehmer-Sparzulage ermöglicht.

Bei BMW bewegte sich die jährliche Kaufbeteiligung seit 1989 zwischen 30 und 40 % der Berechtigten. Wenn ein Mitarbeiter alle Angebote genutzt und an den Kapitalerhöhungen teilgenommen hat, besitzt er inzwischen (1994) 20 Vorzugsaktien.

Die Vorzugsaktie als Form der Vermögensbildung ist einerseits für die Mitarbeiter finanziell attraktiv und stärkt andererseits die Verbindung zwischen Mitarbeiter und Unternehmen.

3.2.13 Identifikations- und Motivationsprogramm

Im BMW-Werk Regensburg sahen wir im Sinne des Wertes „Leistung und Gegenleistung" eine wichtige Aufgabe darin, die besonderen Leistungen der Mitarbeiter in der Anlaufphase des Werkes speziell zu würdigen.

Zu diesem Zweck haben wir – übrigens unter Beteiligung von Mitarbeitern aller Ebenen in mehreren Workshops – ein Identifikations- und Motivationsprogramm für die Mitarbeiter des Werkes Regensburg entwickelt. Dieses Programm umfaßt unter anderem folgende Maßnahmen:

- Ein Fahrzeugprogramm für die Mitarbeiter der ersten Stunde. Jeder der ca. 1.200 Mitarbeiter, die zum Zeitpunkt des Werksanlaufs im November 1986 im Werk Regensburg beschäftigt waren, bekam kostenlos ein Fahrzeug aus der Anlaufserie des Werkes für eine Woche leihweise zur Verfügung gestellt. Damit lernte er gleichzeitig das Ergebnis seiner persönlichen Arbeit kennen.
- Alle Mitarbeiter des Werkes Regensburg haben die Möglichkeit, am Tage ihrer Hochzeit ein Fahrzeug aus unserem Fuhrpark als „Brautfahrzeug" zu verwenden.
- Bei allen werksbezogenen Veranstaltungen (zum Beispiel Produktionsanläufe, Werkseinweihung etc.) werden unsere Mitarbeiter sowie deren Familien im Rahmen der Möglichkeiten einbezogen. So haben wir bisher zwar auf einen „Tag der offenen Tür" für die Öffentlichkeit verzichtet, diesen aber unserer Belegschaft und ihren Angehörigen als „BMW-Familientag" angeboten.
- In den Jahren 1989 und 1992 haben wir in ähnlichen Aktionen unseren Mitarbeitern und ihrem Familien- bzw. Bekanntenkreis die Möglichkeit geboten, „ihr Werk" zu besichtigen.
- Die bereits unter dem Wert „Information und Kommunikation" erwähnte „Werk-6-Info" mit aktuellen Informationen für unsere Werksangehörigen ist ebenfalls im Rahmen dieses Programms entstanden.

3.3 Wert „Orientierung des Verhaltens an ethischen Zielen"

Unsere Analyse der Werte und Werteveränderungen hat ergeben, daß dieser Wert laufend an Bedeutung zunimmt. Ethische Prinzipien treten in den Vordergrund der gesellschaftspolitisch relevanten Werte. Prinzipien wie „der Zweck heiligt die Mittel" werden als Grundlage des menschlichen Verhaltens von immer mehr Menschen und insbesondere von der Jugend strikt abgelehnt (Abb. B.2.5, S. 49 f.).

Die BMW-Personalpolitik bekennt sich zu dieser Werteveränderung und versucht, sie im Sinne der Erreichung des entsprechenden personalpolitischen Ziels unter anderem durch die nachfolgend dargestellten Konzepte abzudecken.

3.3.1 Führungskultur

Mitte der achtziger Jahre haben wir eine Führungskonzeption erarbeitet, basierend auf Leitbildern wie Vertrauen, Vorbild, Glaubwürdigkeit, Toleranz, aber auch dem verantwortungsvollen Umgang mit Macht.

3.3 Wert „*Orientierung des Verhaltens an ethischen Zielen*" 87

Die Konzeption dieser Führungskultur wurde in unserem Hause nicht „von oben" diktiert und bekanntgegeben, sondern im Kreis der oberen Führungskräfte im Rahmen einer Workshop-Serie (der sogenannten Ammerwaldreihe) von Oktober 1983 bis April 1984 erarbeitet und auf dem 5. BMW-Tag 1985 in Berlin präsentiert.

Von besonderer Bedeutung sind dabei die drei ethischen Grundelemente der BMW-Führungskultur: Leistung, Maß und Gemeinschaft.

„Leistung" meint die Bereitschaft von Führungskräften zur zielgerichteten Funktionserfüllung.

„Maß" verweist einerseits auf die Fähigkeit, in einer unübersichtlichen und komplexen Situation abgewogene Entscheidungen zu treffen. Zur Ethik des Maßes zählt aber auch der verantwortungsvolle Umgang mit Macht.

„Gemeinschaft" als drittes ethisches Grundelement bedeutet, daß die Führungskräfte verpflichtet sind, die Mitarbeiter auf der Basis von Toleranz, Wertschätzung und Vertrauen zu integrieren.

3.3.2 Handlungsmaximen

Im Rahmen der Führungskultur wurden auch die BMW-Handlungsmaximen erarbeitet, die als verbindliche Richtschnur für sämtliche Führungskräfte unseres Unternehmens dienen.

An diesen Handlungsmaximen wird jedes Führungshandeln gemessen. Die Handlungsmaximen haben folgenden Wortlaut:

(1) Jede Führungsebene hat eine Vorbildfunktion für die Nachgeordneten hinsichtlich der Realisierung der Unternehmensziele und -strategien.
(2) Das Unternehmensinteresse geht vor Ressortinteressen – bei jeder Einzelentscheidung sind die Gesamtkonsequenzen zu berücksichtigen.
(3) Exzellent führen erfordert die volle Identifikation mit dem Unternehmen.
(4) Entscheidungen oder Beschlüsse sind intelligent auszuführen, sie sind aber auszuführen.
(5) Konstruktive Kritik zu üben und zu ertragen, ist Pflicht jedes Mitarbeiters.
(6) Probleme lösen – nicht Schuldige suchen.
(7) Jeder darf Fehler machen – nur nicht zu viele und vor allem nicht den Fehler, ihn zum Schaden des Unternehmens zu verschleiern.

(8) Die Kompetenz der anderen, der Fachstellen, anerkennen, heißt auch, konstruktives Hinterfragen anderer Fachstellen zu akzeptieren und kompetent zu beantworten.
(9) Beherrschbare Risiken eingehen.
(10) Leistung verlangt Gegenleistung.
(11) Nur der Kunde entscheidet über die Güte unserer Leistungen.
(12) BMW muß für alle externen Beziehungen als kompetenter, fairer, verläßlicher Partner gelten.
(13) Gültige Gesetze und Vorschriften werden von BMW erfüllt; eine Beeinflussung erfolgt nur im Rahmen der geltenden Spielregeln.

Auf dem 6. BMW-Tag 1988 in Frankfurt wurden die BMW-Handlungsmaximen um folgende Aussagen erweitert:

(14) Die Pflicht des einzelnen zur Initiative.
(15) Die Notwendigkeit des lebenslangen Lernens, um das Unternehmen jung zu halten.
(16) Die Verpflichtung zum internationalen Denken und Handeln für alle Führungskräfte.

Diese Erweiterung der Handlungsmaximen beweist ihren dynamischen Charakter, den wir als wichtigste Voraussetzung für ihre Aktualität und damit ihre Wirksamkeit und Akzeptanz ansehen.

3.3.3 Führungskräfteentwicklung

Sowohl die Führungskultur als auch die Handlungsmaximen haben auf die inhaltliche Neukonzeption der Führungskräfteentwicklung entscheidenden Einfluß genommen.

Ziel der Führungskräfteentwicklung ist, die Führungskultur so zu beeinflussen, daß sie von einer Kultur der Kontrolle zu einer Kultur des Vertrauens in den Menschen, seine Fähigkeiten und seine Leistungsmöglichkeiten gewandelt wird. Darüber hinaus wird sichergestellt, daß Führungskräfte und Mitarbeiter nicht zum Objekt des Veränderungsprozesses gemacht werden, sondern befähigt werden, diesen aktiv zu gestalten und voranzutreiben.

Die BMW-Führungskräfteentwicklung besteht aus mehreren Bausteinen, die sich gegenseitig ergänzen (Abbildung B.3.19) und die nachfolgend kurz skizziert werden.

3.3 Wert „Orientierung des Verhaltens an ethischen Zielen" 89

Abb. B.3.19: Instrumente und Maßnahmen der Führungskräfteentwicklung

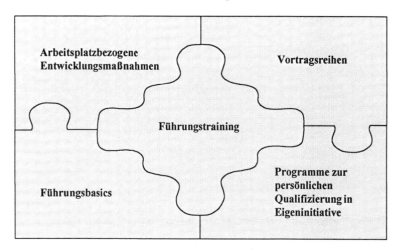

a) Arbeitsplatzbezogene Entwicklungsmaßnahmen

Hierzu gehören Entwicklungsgespräche mit den Führungskräften, das Erarbeiten eines Entwicklungsplanes, das Unterstützen und gegebenenfalls Coachen der Führungskraft, das sukzessive Übertragen und Begleiten von Fach- und Führungsaufgaben durch den Vorgesetzten und ähnliche Maßnahmen.

b) Vortragsreihen

In für alle Führungskräfte offenen Veranstaltungen werden Basisinformationen und Hintergrundwissen zu aktuellen Themenfeldern vermittelt, zum Beispiel:
– BMW im Wettbewerb, Unternehmensqualität,
– Personalpolitik und Personalführung,
– Strukturen, Abläufe, Prozeßketten,
– BMW im Spannungsfeld der Öffentlichkeit,
– BMW und die ökologische Herausforderung,
– Wirtschaftliches Handeln.

c) Führungstraining

Das Führungstraining besteht aus sogenannten Führungskollegs, die situationsbezogen und hierarchieübergreifend angeboten werden. Um die intern erarbeitete Führungskultur mit den entsprechenden Prinzipien des Führungsverhaltens zielgerichtet allen Führungskräften unseres Hauses vermitteln zu können, wurde die Verantwortung für die Entwicklung, Konzeption und Durchführung der Führungskollegs weitgehend internen Trainern übertragen.

d) Führungsbasics

Hierbei wird BMW-spezifisches Führungswissen in einzelnen Modulen arbeitsbegleitend angeboten. Die jeweils verantwortlichen Fachbereiche informieren und trainieren die Führungskräfte zum Beispiel zu folgenden Themen:
- Arbeitsrecht für Vorgesetzte,
- Controlling und Kostenmanagement,
- Personalinstrumente richtig anwenden,
- Mitarbeitergespräche führen.

e) Programme zur persönlichen Qualifizierung in Eigeninitiative

Abgerundet wird das System der Führungskräfteentwicklung durch ein breit gefächertes Programm zur persönlichen Qualifizierung in Eigeninitiative. Die Palette reicht von der Persönlichkeitsentwicklung über diverse Fach- und Methodentrainings, wie zum Beispiel Moderation, Sprachen oder Projektmanagement, bis hin zu PC-Schulungen.

3.3.4 Aufwärtsbeurteilung

Der Erfolg eines Führungstrainings ist jedoch nur so groß wie die Bereitschaft der Teilnehmer, ihr persönliches Führungsverhalten zu ändern.

Deshalb haben wir bei BMW als flankierende Maßnahme 1984 das System der Aufwärtsbeurteilung eingeführt. Durch eine Beurteilung des Vorgesetzten durch seine Mitarbeiter soll eine Sensibilisierung der Führungskraft im Hinblick auf eine Änderung seines Führungsverhaltens erreicht werden.

Hinter dem Konzept der Aufwärtsbeurteilung steht der Gedanke, daß es für jeden Vorgesetzten wertvoll ist zu erfahren, wie sein Verhalten auf seine Mitarbeiter wirkt. Eine solche Bestandsaufnahme führt ihm deutlich vor Augen, wo nach der Einschätzung seiner Mitarbeiter die Stärken und Schwächen in seinem Führungsverhalten liegen. Diese Erkenntnisse, richtig umgesetzt, können die Zusammenarbeit erheblich verbessern.

Die vorrangige Zielsetzung der Aufwärtsbeurteilung ist, dem Vorge-

3.3 Wert „Orientierung des Verhaltens an ethischen Zielen"

setzten eine bessere Selbsteinschätzung des eigenen Führungsverhaltens zu ermöglichen. Da die Führungskraft durch ihre Aktionen gezielten Einfluß auf das Verhalten ihrer Mitarbeiter nehmen muß, ist es für sie entscheidend zu wissen, wie das eine oder andere Führungsverhalten von den Mitarbeitern aufgenommen und interpretiert wird. Da es aber für einen Vorgesetzten sehr schwierig ist, von sich aus richtig zu beurteilen, wie er auf seine Mitarbeiter wirkt, wird ihm die Rückmeldung vom Mitarbeiter selbst, die durch die Aufwärtsbeurteilung ermöglicht wird, wertvolle Hinweise zu einer besseren Einschätzung des eigenen Verhaltens geben können.

Wir sehen die Aufwärtsbeurteilung also als ein wirksames Instrument der Selbsterkenntnis an. Die von uns gewünschte Konsequenz ist, daß der Vorgesetzte sich in einer Art „Selbstfindungsprozeß" darüber klar wird, wo er sein Verhalten ändern sollte und wo er es vielleicht bewußt so beibehalten will wie bisher. Auf jeden Fall wird er über das „Spiegelbild" seines Verhaltens, das ihm die Aufwärtsbeurteilung liefert, nachdenken.

Ein weiteres Ziel der Aufwärtsbeurteilung ist, zu einer Einbeziehung der direkt Betroffenen zu gelangen. Auch bei der traditionellen „Abwärtsbeurteilung" erfolgt eine Beurteilung des Führungsverhaltens, allerdings aus der Sicht des nur indirekt betroffenen nächsthöheren Vorgesetzten.

Da Zusammenarbeit aber eine ganz subjektive zwischenmenschliche Angelegenheit ist, können die direkt Betroffenen, das heißt die „Geführten" selbst, darüber differenzierter und aussagefähiger urteilen.

Da jede Aufwärtsbeurteilungsaktion in der Regel zu einem abschließenden Gespräch zwischen Beurteilten und Beurteilern führen sollte, ist hier eine Rückkoppelungsmöglichkeit gegeben, die unser bisheriges Spektrum an Gesprächen zwischen Vorgesetzten und Mitarbeitern (Zielvereinbarungsgespräche, regelmäßige Mitarbeitergespräche etc.) sinnvoll ergänzt.

Der wichtigste Grundsatz für die Durchführung der Aufwärtsbeurteilung ist die Freiwilligkeit der Teilnahme sowohl für die Beurteilten als auch für die Beurteiler. Die Aufwärtsbeurteilung wird von uns als ein Angebot an unsere Führungskräfte und deren Mitarbeiter verstanden. Es steht allen Beteiligten frei, ob sie von diesem Angebot Gebrauch machen wollen. Wir verzichten bewußt auf jede Art von Teilnahmezwang, da sonst eine Förderung der Zusammenarbeit schon von vornherein zweifelhaft wäre. Diese Grundsätze gehen auch deutlich aus dem „Start"-Anschreiben hervor, mit dem der Vorgesetzte gegenüber seinen Mitarbeitern seine Bereitschaft zur Durchführung der Aufwärtsbeurteilung mitteilt (Anlage 3, S. 146 f.).

Ein weiterer wichtiger Grundsatz ist die Wahrung der Anonymität der Beurteiler und der Vertraulichkeit der individuellen Beurteilungsergebnisse. Nur dadurch wird erreicht, daß die Mitarbeiter auch wirklich offen und ehrlich ihre Beurteilung des Vorgesetzten abgeben, ohne dabei von Ängsten über mögliche negative Konsequenzen beeinflußt zu werden. Andererseits muß sich auch der Vorgesetzte sicher sein können, daß ihm durch seine freiwillige Beteiligung keinerlei Nachteile entstehen und daß die gewonnenen Erkenntnisse nicht in unbefugte Hände gelangen.

Deshalb garantieren wir, gemeinsam mit dem die EDV-unterstützte Abwicklung durchführenden Datenschutzbeauftragten, dem beurteilten Vorgesetzten, daß sein Einzelergebnis grundsätzlich nur ihm persönlich bekannt wird.

Selbstverständlich bleibt es ihm freigestellt, diese Vertraulichkeit dann später selbst aufzuheben, indem er die Ergebnisse zum Beispiel offen mit seinen Mitarbeitern diskutiert.

Die Aufwärtsbeurteilung umfaßt 32 Fragen, die sich auf folgende 8 Merkmale des Führungsverhaltens beziehen (Anlage 4, S. 148 ff.):
– Zielvereinbarung,
– Förderung der Zielerreichung,
– Übertragung von Aufgaben, Befugnissen und Verantwortung,
– Einsatz und Motivation,
– Information und Kommunikation,
– Zusammenarbeit,
– Mitarbeiterförderung,
– Führungsverhalten allgemein.

An dem seit 1984 eingesetzten System haben seither mehr als zwei Drittel aller Führungskräfte des außertariflichen Bereiches auf freiwilliger Basis teilgenommen.

3.3.5 Aufwärtsbeurteilung für Meister

Da die Formulierung der 32 Fragen des Fragebogens auf die Arbeits- und Führungssituation des außertariflichen Bereiches zugeschnitten ist, haben wir aufgrund der guten Erfahrungen mit diesem System eine Erweiterung auf den tariflichen Führungsbereich vorgenommen. Zu diesem Zweck wurde unter Beibehaltung der Systemgrundsätze eine gezielt abgewandelte Formulierung der 32 Fragen – speziell zugeschnitten auf die Führungssituation des Meisters – vorgenommen und ab 1992 unter der Bezeichnung „Aufwärtsbeurteilung für Meister" als ergänzendes Instrument zunächst im Werk Regensburg erprobt und später auch auf andere interessierte Produktionswerke übertragen (Anschreiben und Fragebogen – Anlagen 5, S. 152, und 6, S. 153 ff.).

Erwähnenswert ist noch, daß diese Aufwärtsbeurteilung für Meister von einer Gruppe von Regensburger Meistern mit entwickelt und von diesen in einer Informationsveranstaltung den Kollegen auch selbst präsentiert wurde.

Damit haben wir praktisch ein Mehrfachbeurteiler-System für alle unsere Führungskräfte. Neben der offiziellen Beurteilung „von oben" haben wir eine inoffizielle, weil freiwillige Beurteilung „von unten".

3.3.6 Kollegenbeurteilung

Zur Abrundung der Selbsteinschätzung unserer Führungskräfte fehlt uns nur noch der Blick „von der Seite", das heißt aus dem Kollegenkreis. Deshalb denken wir seit 1993 im Werk Regensburg pilothaft auch über eine „Kollegenbeurteilung" nach. Dieser System-Ansatz befindet sich jedoch derzeit noch im Experimentierstadium.

Erste Eindrücke zeigen aber bereits, daß dieses Instrument nur in besonderen Situationen, das heißt insbesondere nur bei Vorliegen eines hohen Reifegrades der Organisation und der Kommunikation, sinnvoll einsetzbar ist.

3.3.7 Ausländerpolitik

BMW hat eine Reihe von Initiativen ergriffen, um in der Ausländerfrage eine klare Position zu beziehen und ausländerfeindlichen Gefahren entgegenzuwirken. Dies ist nicht nur eine Frage ethischer Zielsetzungen, sondern auch das deutliche Bekenntnis zu einer gesellschaftspolitischen Verantwortung.

Wir bekennen uns zu unseren ausländischen Mitarbeitern und haben dies insbesondere als Antwort auf die ausländerfeindlichen Gewalttaten in Deutschland in der ersten Hälfte der neunziger Jahre auch öffentlich getan. Beispielhaft ist hier der offene Brief aller BMW-Personalleiter nach dem Attentat von Mölln im November 1992 (Abbildung B.3.20, S. 95) sowie die Anzeigenserie zum Thema Ausländer Ende Dezember des gleichen Jahres zu erwähnen.

Öffentliche Bekenntnisse sind wichtig. Sie ändern aber nichts an den Ursachen des Problems, das heißt dem Klima, in dem kriminelle Ausländerfeindlichkeit entsteht. Um dieses Klima zu verändern, haben wir 1993 eine Kooperation mit dem Stadtjugendamt München vereinbart. In langfristiger, oft mühseliger Kleinarbeit geht es darum, Jugendliche aus der gefährdeten „Szene" zu lösen – durch Kommunikation, Integration und Orientierungshilfen.

Konzepte dazu heißen akzeptierende Jugendarbeit und Straßensozialarbeit. Umgesetzt werden sie von 12 sogenannten Streetworkern. Sie arbeiten auf Straßen und Plätzen, also dort, wo sie gefährdete Jugendliche treffen. Skin-Heads, Hooligans, extremistisch orientierte Jugendliche sind anders nur schwer anzusprechen; denn sie sind kaum bereit, in „normale" Räumlichkeiten zu gehen.

Jugendarbeit und Jugendhilfe leiden unter knappen finanziellen und materiellen Ressourcen. Wir helfen infolgedessen mit Ideen und Ressourcen:

- BMW stellt zum Beispiel den Münchner Streetworkern einen um- und ausgebauten Doppelstockbus als mobilen Treffpunkt und Kontaktstelle zur Verfügung. Damit können Streetworker direkt an Ort und Stelle, wo Probleme und Gewalttätigkeiten entstehen können (zum Beispiel vor großen Fußballstadien, aber auch in verschiedenen gefährdeten Stadtteilen), Beratungs- und Betreuungstätigkeiten leisten.
- Eine Projektgruppe aus Experten erarbeitet ein Argumentations- und Maßnahmenpaket zu den Problemen Fremdenfeindlichkeit, Gewaltbereitschaft und rechtsradikale Tendenzen bei Jugendlichen.
- Die Resultate stehen nicht nur den Streetworkern in München und anderen BMW-Standorten zur Verfügung, sondern jedem Ort in Deutschland, der sie verwenden möchte. Das Maßnahmenpaket umfaßt unter anderem auch einen Workshop für Jugendliche und ein Theaterstück zum Thema Ausländer.
- Vorbereitet wird ein Seminar für mehr Kooperation zwischen Schule und Jugendhilfe. Beide Institutionen kümmern sich schon bisher um Kinder und Jugendliche, aber isoliert voneinander. Jugendpsychologen des Stadtjugendamts werden zusammen mit Schulrektoren und Lehrern verschiedener Hauptschulen in München eine Strategie der Zusammenarbeit zum Thema Gewalt und Ausländerfeindlichkeit erarbeiten.

3.3 Wert „Orientierung des Verhaltens an ethischen Zielen"

Abb. B.3.20: Personalleiter zum Thema „Ausländerfeindlichkeit"

Personalleiter zum Thema „Ausländerfeindlichkeit":

Das geht uns alle an

„Es gibt Bilder, die man nicht vergessen kann - und solche, die man auch nicht vergessen sollte. Dazu gehören für uns seit Wochen Bilder von wachsender Gewalt gegen Ausländer in unserem Land.

Die grauenhaften Brandanschläge von Mölln in der Nacht zum 23. November mit drei türkischen Todesopfern, dabei zwei Mädchen im Alter von 10 und 14 Jahren, sind der bisherige traurige Höhepunkt in einer Entwicklung, die einen gerade als Deutschen betroffen machen muß.

Damit Sie uns richtig verstehen: Wir sind stolz darauf, Deutsche zu sein. Und gerade deshalb können und wollen wir nicht akzeptieren, daß um uns herum ausländische Mitbürger terrorisiert, ja sogar ermordet werden.

Was uns dabei besonders erschreckt, ist die an Zahl und Härte der Gewalttaten zunehmende Tendenz. In den letzten zehn Monaten haben Fremdenhaß und rassistische Krawalle in unserem Land 16 Menschen das Leben gekostet. Im vergangenen Jahr waren es noch drei gewesen. Und diese 16 Toten sind nur die unrühmliche „Spitze eines Eisberges" von insgesamt fast 2.000 Gewalttaten in diesem Zusammenhang.

Mancher wird jetzt fragen: Was geht das uns als Mitarbeiter in einem Unternehmen wie BMW an?

Wir meinen, sehr viel!

Erstens sind wir ein internationales Unternehmen mit internationalen Absatzmärkten. Zweitens haben wir auch eine internationale Belegschaft. Bei BMW sind heute fast 10.000 Ausländer aus 87 Nationen beschäftigt. Über die Hälfte davon arbeiten schon mehr als zehn Jahre bei uns.

Wir haben uns immer zur Vielfalt der Nationalitäten bei unseren Mitarbeitern bekannt. Sie sind längst ein nicht mehr wegzudenkender Teil unseres Unternehmens geworden.

Gerade als Personalleiter wissen wir, wovon wir reden. Wir haben uns die Ausländerfrage immer sehr bewußt gestellt und eine klare Antwort gegeben: Wenn wir jemanden einstellen, befördern oder ihm eine neue Aufgabe übergeben, dann schauen wir nicht auf den Paß. Was alleine zählt, ist die Eignung - ist die Leistung! Das wird auch in Zukunft so bleiben!

In unseren Werken hat es stets ein friedliches Miteinander gegeben. Deshalb fällt es uns auch leicht, unsere ausländischen Mitarbeiter voll zu akzeptieren, und deshalb verstehen wir auch nicht die wachsende Gewalt gegen Ausländer in unserem Umfeld.

Viele Mitarbeiter in unserem Unternehmen empfinden Fassungslosigkeit und ohnmächtigen Zorn angesichts der aktuellen Gewalttaten. Aber reicht das aus? Wir meinen, nein!

Es gibt im Alltag viele Möglichkeiten, Solidarität zu beweisen, in Gesprächen im Freundeskreis, am Stammtisch oder im Sportverein. Es geht darum, zu zeigen, daß sich unser Land nicht von einer radikalen, fehlgeleiteten Minderheit terrorisieren läßt. Wir sollten Flagge zeigen !"

Rudolf Stumpf, TM-P

Gerhard Bihl, TR-6

Peter Löhr, PM

Dr. Ingo Heinisch, T-H

Joachim v. Knobloch, DK-P

Günther Furchtbar, XB-P

3.4 Wert „Selbstverwirklichung in der Arbeit"

Auch dieser Wert nimmt erheblich an Bedeutung zu. Daraus haben wir für unsere Personalpolitik die Schlußfolgerung gezogen, unsere Anstrengungen auf diesem Gebiet noch zu verstärken (Abb. B.2.5, S. 49 f.). Die folgenden ausgewählten Aktivitäten sollen dies beispielhaft belegen.

3.4.1 Organisationsentwicklung/Lernstatt

Das Thema Organisationsentwicklung (OE) hat bei BMW traditionell einen hohen Stellenwert. Unsere Lernstatt feierte 1993 ihr 20jähriges Bestehen. Da sie den Mitarbeiter unmittelbar als Subjekt seiner Arbeitswelt auffaßt, das heißt ihn durch die Mitwirkung an betrieblichen Prozessen und Entscheidungen aus der Objektrolle herausführt, trägt die Lernstatt zur Selbstverwirklichung in der Arbeit bei.

Die „klassischen" Grundideen der Lernstatt zeigt Abbildung B.3.21, die Ziele der Lernstatt sind in Abbildung B.3.22 (S. 98) dargestellt.

Gerade beim Aufbau des Werkes Regensburg konnte die intensive Anwendung des OE- und Lernstattgedankens mit dazu beitragen, unter den Mitarbeitern enge Beziehungen herzustellen, diese zu vertiefen, Arbeitsabläufe zu koordinieren, Arbeitseffizienz zu optimieren, Konzeptionen zu formulieren sowie jedem einzelnen soviel Spielraum und Anstöße für seine freie Entfaltung zu schaffen wie möglich.

3.4.2 Organisationskultur und Teamentwicklung

Durch den Einsatz von OE-Projekten (Konzept- und Strategieklausuren sowie Teamentwicklungsprogramme) bereits vor Werksanlauf konnte sich die Organisationsentwicklung dem Aufbau unserer Organisationskultur widmen und muß dadurch heute nicht einen Großteil ihrer Kapazität in „Reparaturmaßnahmen" investieren.

In der Aufbauphase ging es auch darum, Hilfestellung bei der Entwicklung von Teams zu geben. Dazu zählten sowohl deren Aufbau als auch die Beseitigung von Störungen in bzw. zwischen den Teams. Hinzu kamen die Entfaltung der Teampotentiale und die Förderung des Teamgedankens.

Ende 1991/Anfang 1992 erfolgte eine Neustrukturierung der Aufbauorganisation des Werkes Regensburg. Durch die weitgehende Integration von Sekundärfunktionen (Qualitätssicherung, Logistik, Instandhaltung, Technische Planung) in die Kernfunktionen Rohbau,

3.4 Wert „Selbstverwirklichung in der Arbeit"

Abb.: B.3.21: Grundideen der Lernstatt

Grundideen der Lernstatt:

- Überwindung des Taylorismus
- Einbeziehung des ganzen Menschen
- Selbst-Aktivität der Teilnehmer („Hilfe zur Selbsthilfe")
- Freiraum für die Gruppe
- Schwerpunktmäßige Einbeziehung der Vorgesetzten als Moderatoren (Führungsinstrument)
- Gezielte Einbindung der übrigen Vorgesetzten in Lernstattaktivitäten
- Gleichgewicht zwischen Themenorientierung, Gruppenaktivität und Individuum
- Anstreben von ausgereiften Formen des Umgangs miteinander
- Volle Berücksichtigung der „Beziehungsebene" im zwischenmenschlichen Verhalten („Störungen haben Vorrang")
- Zielgruppennahe Arbeitsformen vor Ort
- Ausgiebiger Gebrauch visueller Verständigungsmittel
- Faire und methodische Austragung und Lösung von Konflikten
- Transferprinzip: Wichtig ist nicht, was man sich vornimmt, sondern was man tut

Lackiererei und Montage wurde die Gesamtverantwortung für den Fertigungsprozeß in einer Hand zusammengeführt (Abbildung B.3.23, S. 99).

Kriterium für die Integration war die eindeutige Zuordenbarkeit der

Abb. B.3.22: Ziele der Lernstatt

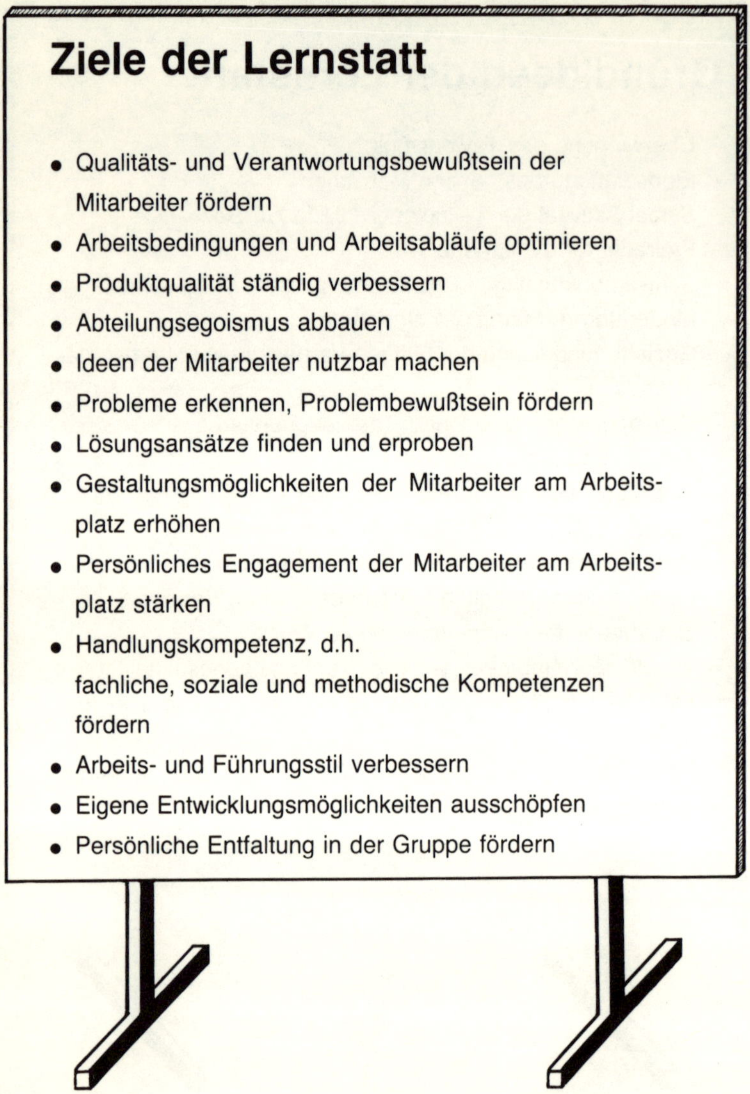

Ziele der Lernstatt

- Qualitäts- und Verantwortungsbewußtsein der Mitarbeiter fördern
- Arbeitsbedingungen und Arbeitsabläufe optimieren
- Produktqualität ständig verbessern
- Abteilungsegoismus abbauen
- Ideen der Mitarbeiter nutzbar machen
- Probleme erkennen, Problembewußtsein fördern
- Lösungsansätze finden und erproben
- Gestaltungsmöglichkeiten der Mitarbeiter am Arbeitsplatz erhöhen
- Persönliches Engagement der Mitarbeiter am Arbeitsplatz stärken
- Handlungskompetenz, d.h. fachliche, soziale und methodische Kompetenzen fördern
- Arbeits- und Führungsstil verbessern
- Eigene Entwicklungsmöglichkeiten ausschöpfen
- Persönliche Entfaltung in der Gruppe fördern

betrachteten operativen bzw. planenden Sekundärumfänge zu jeweils einem Technologiebereich (Kernfunktion). Alle technologieübergreifenden Funktionen wurden in einer Querschnittsfunktion, der technischen Werkszentrale, zusammengefaßt.

3.4 Wert „Selbstverwirklichung in der Arbeit"

Abb. B.3.23: Neustrukturierung Fertigungsprozeß

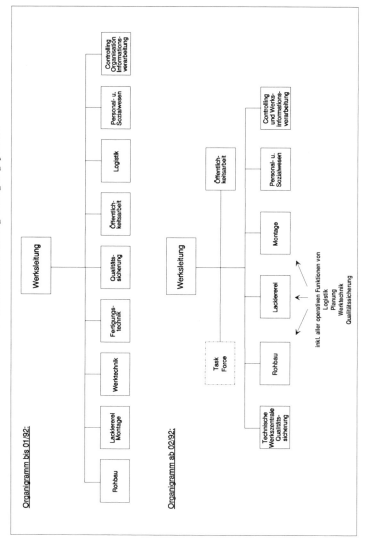

Diese Neuorganisation war mit einer deutlichen Straffung der Strukturstellen verbunden. Die dadurch freigespielte Fach- und Methodenkompetenz wurde in einer Task Force zusammengefaßt, die ähnlich einer internen Unternehmensberatung agiert und den Veränderungsprozeß des Werkes unterstützend begleitet.

Neu bei dieser Organisationsveränderung war insbesondere auch die Vorgehensweise bei dieser Umstrukturierung. So untersuchten fachübergreifend besetzte Teams unter der Leitung des Hauptverantwortlichen der jeweiligen Sekundärfunktion, welche Teilfunktionen sinnvoll in die Kernfunktionen zu integrieren sind und welche Teilfunktionen in einer übergreifenden Querschnittsfunktion verbleiben müssen.

Im Ergebnis führte dies zu einer hohen Identifikation aller Betroffenen mit der neuen Organisationsform und zu einem reibungslosen Übergang trotz einschneidender Änderungen.

3.4.3 Arbeitsstrukturen und Arbeitsinhalte

Der Grad der erreichbaren Selbstverwirklichung in der Arbeit ist naturgemäß stark von der Gestaltung der Arbeitsstrukturen und Arbeitsinhalte abhängig.

Der mündige Mitarbeiter identifiziert sich in dem Maße mit seiner Arbeit, in dem er sich selbst in ihr einbringen kann. Er bringt sich in dem Maße selbst ein, in dem er im Rahmen einer menschengerechten Gestaltung der Arbeit Selbstentfaltungs- und Beteiligungsmöglichkeiten erhält.

Anspruchsvolle Mitarbeiter erfordern anspruchsvolle Arbeitsstrukturen und -inhalte, das heißt, wer motivierte Mitarbeiter will, muß im Rahmen technisch-organisatorischer Gestaltungsmaßnahmen bei der Arbeitsaufgabe ansetzen. Arbeitsinhalte und Arbeitsorganisation müssen so gestaltet werden, daß anspruchsvolle Arbeitsaufgaben entstehen.

Im Sommer 1991 haben wir mit dem Betriebsrat eine Betriebsvereinbarung zum Thema „Neue Arbeitsstrukturen bei BMW" abgeschlossen. In der Präambel dieser Vereinbarung sind unsere Zielsetzungen klar definiert:

„Neue Formen der Arbeitsstrukturen sollen
– zur Verbesserung der Produktqualität,
– zur Qualifizierung der Beteiligten

3.4 Wert „Selbstverwirklichung in der Arbeit"

– und insgesamt zur Steigerung der Wettbewerbsfähigkeit des Unternehmens beitragen."

Die konkrete Vorgehensweise für die Realisierung sieht dabei wie folgt aus:

Um möglichst viele unterschiedliche Lösungsansätze und Varianten entwickeln und ausprobieren zu können, haben wir zunächst 20 Pilotprojekte in sechs verschiedenen Produktionswerken der BMW AG installiert.

Dabei stand insbesondere auch der Gedanke im Vordergrund, die unterschiedlichen Fertigungsstrukturen in den verschiedenen Technologien des Automobilbaus (zum Beispiel Montage, Lack, Rohbau) einzubeziehen und jeweils gezielt zugeschnittene Lösungen zu erarbeiten.

Am wichtigsten war und ist jedoch die konsequente frühzeitige Einbeziehung der Mitarbeiter vor Ort bereits in der Projektphase und selbstverständlich später auch in der Realisierung der neuen Arbeitsstrukturen.

Aus Mitarbeitern sollen durch konsequente Verlagerung von Verantwortung „nach unten" Mitdenker und Mitgestalter werden mit dem Ziel der kontinuierlichen Verbesserung von Qualität und Arbeitsabläufen. Diese Fähigkeit zu fördern, ist eine der wichtigsten Aufgaben der Führungskräfte im Rahmen der neuen Arbeitsstrukturen.

Abb. B.3.24: Elemente der neuen Arbeitsstrukturen

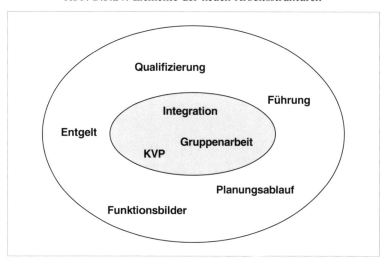

(KVP = Kontinuierlicher Verbesserungsprozeß)

Die Abbildung B.3.24 (S. 101) gibt einen Überblick über die Elemente des Gesamtprojektes „Neue Arbeitsstrukturen". Als inhaltliche Schwerpunkte dieser neuen Arbeitsstrukturen bei BMW sind im einzelnen zu nennen:
- Die **Erweiterung der Arbeitsinhalte** durch die Integration von sogenannten Sekundärfunktionen in die Fertigungsaufgabe (zum Beispiel Qualitätsprüfung, Logistik, Instandhaltung).
- Die **Abflachung von Hierarchien** bei gleichzeitiger Verlagerung von Verantwortung nach unten.
- Die Einführung von **Gruppenarbeit**. Hierunter verstehen wir die systematische Zusammenarbeit von in der Regel 8 bis 12 Mitarbeitern an einer abgeschlossenen Gruppenaufgabe mit einem gemeinsamen Ziel. Die Gruppe übernimmt definierte Verantwortung, arbeitet selbständig innerhalb des vereinbarten Rahmens, und die Gruppenmitglieder wechseln systematisch die Aufgaben.
- Die Einrichtung von **Gruppensprechern** als „Sprachrohr" der Gruppe. Der Gruppensprecher koordiniert die Gruppenaktivitäten und moderiert die Gruppengespräche. Er wird für die Wahrnehmung dieser Aufgaben teilweise von seinen Aufgaben als Gruppenmitglied freigestellt. Der Gruppensprecher kann durch freie, geheime Wahl durch die Gruppe festgelegt oder durch den Vorgesetzten ernannt werden. Voraussetzung ist die Akzeptanz durch die Gruppe **und** den Vorgesetzten.
- Die Einführung von **Gruppengesprächen**. Sie sind wesentlicher Bestandteil des Gruppenprozesses zur ständigen Verbesserung von Arbeitsbedingungen und -abläufen. Gruppengespräche dienen auch der Selbststeuerung und der internen Koordination der Gruppe. Das Gruppengespräch ist ein in bestimmten Zeitabständen stattfindendes Gespräch der Gruppe, das vom Gruppensprecher moderiert wird.

Termin, Themen und Inhalte der Gespräche sollen im Rahmen der zu erledigenden Aufgaben vor Ort festgelegt werden. Zu den Gesprächen können von den Gruppen Teilnehmer aus anderen Bereichen eingeladen werden.

Ablauf und Inhalte der Gespräche werden dokumentiert, zum Beispiel durch Protokoll, Themenspeicher, Maßnahmenkatalog etc.

Die Gruppengespräche finden in der Regel während
- der Arbeitszeit,
- größerer Unterbrechungen,
- der Schichtübergabe

statt.

3.4 Wert „Selbstverwirklichung in der Arbeit"

– Die Etablierung eines **kontinuierlichen Verbesserungsprozesses** (KVP), um dauerhaft eine deutliche Produktivitätsverbesserung zu erreichen. Der KVP bezieht ausdrücklich alle Mitarbeiter bei der Verbesserung von Arbeitsplätzen, -abläufen und -umfeld sowie von Produkten mit ein und ist deshalb ein wichtiger, permanenter Teil der Gruppengespräche.
Dieser kontinuierliche Verbesserungsprozeß wird durch eine gezielte Honorierung der durch die Gruppe umgesetzten Verbesserungen unterstützt.
– Die Erarbeitung von klaren und einfachen **Kennzahlen** im Sinne der regelmäßigen Zielvereinbarung für die und mit der Gruppe.
– Die Entwicklung eines neuen **leistungsorientierten Entgeltsystems** mit gruppenbezogenen Bewertungs- und Vergütungselementen (vgl. Kapitel B.3.2.10).
– Die **Qualifizierung** aller Beteiligten im Hinblick auf die neuen, gestiegenen Anforderungen (vgl. Kapitel B.3.4.5).

Die Gestaltung und Einführung neuer Arbeitsstrukturen ist, da von innen heraus gestaltet, ein schwieriger und zeitaufwendiger Prozeß. Er erfordert die Bereitschaft der Führungskräfte, Verantwortung abzugeben und damit ein neues Führungsverständnis mit einer deutlichen Konzentration auf die eigentlichen „echten" Führungsaufgaben.

Dieser Prozeß wird durch eine organisatorische Strukturveränderung unterstützt, die wir in allen BMW-Produktionswerken bereits seit Jahren erfolgreich eingeführt haben. Durch die Bildung relativ kleiner, überschaubarer Meistereien unter Verzicht auf die Vorarbeiterebene haben wir die Meisterfunktion als echte Führungsfunktion gestärkt.

3.4.4 Flexible und temporäre Organisationsformen

Das letztgenannte Beispiel zeigt, daß sich neue Arbeitsstrukturen und Arbeitsinhalte auf der einen Seite sowie neue flexible Organisationsformen auf der anderen Seite gegenseitig bedingen.

Ziel aller Organisationsveränderungen in den letzten Jahren in BMW-Produktionswerken war deshalb die Schaffung einer möglichst ganzheitlichen Verantwortung vor Ort durch
– Verringerung der Arbeitsteilung,
– Abbau von Koordinations- und Kontrollstellen,
– flachere Hierarchien,

zumeist unterstützt durch neue temporäre Organisationsformen (wie zum Beispiel Task-Forces, Projektmanagement).

3.4.5 Neue Qualifikationsstrukturen und Lernformen

Die Abbildung B.3.25 zeigt den gedanklichen Weg von den Ursachen der neuen Arbeitsstrukturen über die Gestaltung der Arbeitsstrukturen und die daraus resultierenden neuen Anforderungen an die Mitarbeiter bis hin zu den sich daraus ergebenden neuen Qualifikationsstrukturen.

Die aus den neuen Arbeitsstrukturen abgeleiteten neuen Qualifikationsstrukturen lassen im betrieblichen Alltag eine bisher häufig vernachlässigte Zielgruppe in den Mittelpunkt des Bildungsgeschehens rücken: den „einfachen" Produktionsmitarbeiter vor Ort. Er ist es, dessen Fachwissen im Rahmen der neuen Arbeitsstrukturen aktiviert werden soll. Und er muß deshalb auf diese neuen Anforderungen durch Qualifizierungsmaßnahmen vorbereitet werden.

Waren in der Vergangenheit die Bildungsprogramme bei BMW größtenteils auf Spezialisten und Führungskräfte ausgerichtet, so treten wir in den neunziger Jahren in eine flächendeckende Qualifizierungsoffensive auf unterster Ebene ein. Die im Werk Regensburg im Rahmen von sogenannten Fortbildungstagen für Fertigungsmitarbeiter angebotenen Bildungsaktivitäten stehen dafür nur als ein Beispiel unter vielen.

Unter Fortbildungstagen verstehen wir ganztägige Bildungsveranstaltungen, die jeder Meister eigenverantwortlich mit Unterstützung des Personalreferats organisiert und durchführt. Teilnehmer sind alle Mitarbeiter der jeweiligen Meister. Je nach Themenstellung kann der Meister Spezialisten einzelner Fachgebiete als Situationsberater hinzuziehen – zum Beispiel Qualitätsspezialisten für Qualitätsthemen, Instandhaltungsspezialisten für Fehleranalysen etc. Eine kleine Auswahl möglicher Themen ist in Abbildung B.3.26 (S. 106) dargestellt.

Aufgelockert werden die Fortbildungstage durch Vor-Ortbesichtigungen vor- und nachgelagerter Fachbereiche im Sinne einer Verbesserung der fachübergreifenden Zusammenarbeit.

Zu einer wirksamen Qualifizierungsoffensive gehören natürlich auch neue Lernformen, zum Beispiel das Lernen im Team, im Projekt und on the job. Mit diesen neuen Arbeits- und Qualifikationsstrukturen wird eine grundlegende Basis für die verschiedensten Formen und Ausprägungen einer Selbstverwirklichung in der Arbeit gelegt.

3.4 Wert „Selbstverwirklichung in der Arbeit"

Abb. B.3.25: Neue Arbeits- und Qualifikationsstrukturen

| Ursachen: | **Unternehmen**
* Zeit
* Qualität
* Effizienz (Kosten) | **Mitarbeiter**
* Wertewandel
* Veränderte Erwartungen an die Arbeit |

| *Neue Arbeitsstrukturen:* | * Integration von Sekundär-Funktionen
* Gruppenarbeit
* Kontinuierliche Verbesserung
* Projektarbeit
* Task Force (o. ä. temporäre Org.formen) |

| *Neue Anforderungen an die Mitarbeiter:* | * Breite Fachqualifikation
* Flexibilität
* Soziale Kompetenz
* Eigenverantwortung |

| *Neue Qualifikationsstrukturen:* | * Veränderte Ausbildungsstrukturen
* Neue Qualifizierungs-Zielgruppen (Fortbildungstage)
* Lernen im Team
* Lernen im Projekt
* Lernen on the job
* Entwicklungspfade / Fachlaufbahn |

Abb. B.3.26: Themen für Fortbildungstage

- Informationen über das Unternehmen, die Marktsituation und den internationalen Wettbewerb
- Qualitätsthemen
- Neue Arbeitsstrukturen und Gruppenarbeit
- Kontinuierlicher Verbesserungsprozeß
- Arbeitssicherheit und Gesundheit (zum Beispiel Thema „Alkohol")
- Unternehmensqualität durch kundenorientiertes Denken und Handeln
- Beteiligung der Mitarbeiter an Veränderungsprozessen

3.5 Wert „Selbständigkeit und Individualität"

Im Rahmen der werteorientierten Personalpolitik haben wir uns entschlossen, der unübersehbar zunehmenden Bedeutung dieses Wertes zu entsprechen (Abb. B.2.5, S. 49 f.).

Die wichtigsten Maßnahmenschwerpunkte werden nachfolgend dargestellt.

3.5.1 Flexibilisierung der Arbeits- und Betriebszeit

Die Flexibilisierung der Arbeitszeit drängt sich im Sinne der Schaffung persönlicher Freiräume und individueller Wahlmöglichkeiten geradezu auf. Dabei standen bei BMW in den letzten Jahren
– die Zunahme der Teilzeitarbeit, Partner-Teilzeit oder auch temporärer Teilzeitformen,
– die Neugestaltung und Ausweitung der Gleitzeit, insbesondere durch die Einführung in den Werken, das heißt über die traditionelle Anwendung in den zentralen Verwaltungsbereichen hinaus,
– die Gestaltung alternativer Schichtpläne mit dem Ziel einer Trennung von Arbeitszeit und Betriebszeit sowie
– verschiedene Programme und Aktionen zur vorzeitigen Pensionierung und zu einem gleitenden Übergang in den Ruhestand
im Vordergrund.

Am Standort Regensburg wurde ab 1986 stufenweise eine Arbeitszeitregelung eingeführt, bei der die Trennung von persönlicher Arbeitszeit und Betriebszeit realisiert ist.

3.5 Wert „Selbständigkeit und Individualität"

Dieses Arbeitszeitmodell besteht aus je einem Schichtmodell für die Produktion des Werkes Regensburg und des Zweigwerkes Wackersdorf sowie einer Gleitzeitregelung für den Verwaltungsbereich.

3.5.2 Schichtmodell Regensburg

Zunächst wurde das Regensburger Arbeitszeitmodell im Einschicht-Betrieb mit einer Betriebszeit von wöchentlich 54 Stunden umgesetzt. Dies ergab sich aus 6 Betriebstagen à 9 Stunden. Seit Juni 1990 gilt diese Regelung auch für den Zweischicht-Betrieb mit 11 Schichten à 9 Stunden, das heißt 99 Stunden Betriebszeit.

Das Entfallen der ursprünglich geplanten regelmäßigen Samstag-Spätschicht wurde durch zusätzliche Maßnahmen weitgehend kompensiert. Für den einzelnen Mitarbeiter ergibt sich durchschnittlich eine 4-Tage-Woche, die wie in Abbildung B.3.27 dargestellt verteilt ist.

Abb. B.3.27: Schichtplan für den Zweischicht-Betrieb

	Mo	Di	Mi	Do	Fr	Sa	So	Mo	Di	Mi	Do	Fr	Sa	So	Mo	Di	Mi	Do	Fr	Sa	So
Frühschicht	A	A	A	A	C	C		C	C	C	C	B	B		B	B	B	B	A	A	
Spätschicht	C	C	B	B	B			B	B	A	A	A			A	A	C	C	C		

1. Woche   2. Woche   3. Woche

Die individuellen Schichtpläne der Arbeitnehmer A, B und C:

☐ Frühschicht   ■ Spätschicht   ☐ Freier Tag

Ergänzend dazu ist eine festgelegte Anzahl von Ausgleichsschichten pro Jahr zu leisten.

In der ersten Woche arbeitet zum Beispiel der Arbeitnehmer „A" von Montag bis Donnerstag in der Frühschicht, in der zweiten Woche von Mittwoch bis Freitag in der Spätschicht, in der dritten Woche am Montag und Dienstag in der Spätschicht sowie am Freitag und

Samstag in der Frühschicht. Dann beginnt der Schichtrhythmus wieder von vorne.

Die Vorteile dieses Schichtmodells liegen auf der Hand:
1. Die Kapazitätsauslastung des Werkes kann ohne zusätzliche Investitionen deutlich erhöht werden.
2. Die Mitarbeiter arbeiten durchschnittlich an 4 Arbeitstagen pro Woche. Gegenüber einer 5-Tage-Woche hat der einzelne damit deutlich weniger Arbeitstage pro Jahr und im Schichtrhythmus von 3 Wochen jeweils einen Freizeitblock von 5 Tagen, den er für Familie, Freizeit und Hobby nutzen kann. Den „9-Stunden-Tag" haben wir durch über den Tag verteilte Pausen so aufgelockert, daß netto nur noch 8 Stunden 11 Minuten zu arbeiten sind.
3. Die Verlängerung der Betriebszeit in Verbindung mit der geschilderten Verkürzung der persönlichen Arbeitszeit führte im Regensburger Werk zu etwa 2.500 zusätzlichen Arbeitsplätzen.

Durch das Fehlen der Samstag-Spätschicht im Schichtplan erreicht der Mitarbeiter „regelmäßig" nur 33 Stunden Arbeitszeit pro Woche. Um auf die tarifliche Arbeitszeit zu kommen, leistet er zusätzliche „unregelmäßige" Ausgleichsschichten, die gleichmäßig auf das Jahr verteilt werden.

Im Rahmen der Umsetzung der tariflichen Arbeitszeitverkürzung auf 36 Stunden/Woche (ab 1.4.93) bzw. auf 35 Stunden (voraussichtlich ab 1.10.95) wurde das Regensburger Arbeitszeitmodell nochmals im Detail modifiziert und optimiert. Dabei blieben die wesentlichen Grundpfeiler, das heißt die 6tägige Betriebszeit (Montag bis Samstag), der 9-Stunden-Tag sowie der bisherige Schichtplan unverändert. Die Differenz zur tariflichen Arbeitszeit von 36 bzw. 35 Stunden gestaltet sich jetzt folgendermaßen:

Weiterhin sind Ausgleichsschichten zu leisten, um die Differenz von 33 Stunden zur tariflichen Arbeitszeit (36 bzw. 35 Stunden) zu überbrücken.

Durch die tarifliche Arbeitszeitverkürzung reduziert sich jedoch die Anzahl der Ausgleichsschichten von heute 11 schrittweise bis auf 5 pro Jahr nach Einführung der 35-Stunden-Woche. Neben der Anzahl veränderten sich auch Art und Inhalt der Ausgleichsschichten maßgeblich; zum Beispiel wird zukünftig ein Teil der Ausgleichsschichten nicht mehr individuell, sondern kollektiv erbracht.

Zwei Ausgleichsschichten werden für betrieblich notwendige Fortbildung, wie in Kapitel B.3.4.5 beschrieben, reserviert. Eine gerade

3.5 Wert „Selbständigkeit und Individualität" 109

wegen des steigenden Qualifizierungsbedarfs im Rahmen der neuen Arbeitsstrukturen zukunftsorientierte Regelung.

Bis 1993 war die Möglichkeit zusätzlicher Samstag-Spätschichten abhängig von der Länge des kollektiven Betriebsurlaubs des jeweiligen Jahres. Nur im Falle eines mehrwöchigen Betriebsurlaubs, das heißt einer entsprechend langen Produktionsunterbrechung, war es vereinbarungsgemäß zulässig, das dadurch ausfallende Produktionsvolumen über zusätzliche Samstag-Spätschichten zu kompensieren.

Im Rahmen der ab 1993 geltenden Modifikationen ist es gelungen, die bisherige Verknüpfung zwischen Produktionsunterbrechung und den zusätzlichen Samstag-Spätschichten zu entkoppeln.

Damit werden künftig unabhängig von der Länge der Produktionsunterbrechung bis zu zwei Ausgleichsschichten jährlich pro Mitarbeiter, das heißt also sechs Schichten insgesamt, als Samstag-Spätschichten gearbeitet, soweit dies aus Kapazitätsgründen notwendig ist. Die restlichen Ausgleichsschichten werden wie bisher als flexible Ausgleichsschichten vom Mitarbeiter erbracht.

Zwei weitere Grundelemente des Schichtmodells werden künftig ebenfalls flexibler gestaltet. Die kollektive Produktionsunterbrechung wird jährlich nach betrieblichen Notwendigkeiten vereinbart. Auch die Brotzeitpause kann nach betrieblichen Erfordernissen in Abstimmung mit dem Betriebsrat kollektiv oder individuell (Pausendurchlauf) gewährt werden, das heißt, die Kapazitäten können künftig auch über die feste bzw. flexible Brotzeitpause eingeschränkt oder ausgeweitet werden.

Damit besteht die Arbeitszeitregelung des Werkes Regensburg aus fixen und flexiblen Bestandteilen (Abbildung B.3.28, S. 110). Die fixen Bestandteile (9-Stunden-Tag und Samstag-Frühschicht) ergeben eine Zusatzkapazität von 24,2 % gegenüber einem herkömmlichen Zweischicht-Betrieb. Die flexiblen Bestandteile (Brotzeitpause, Produktionsunterbrechung, Samstag-Spätschicht) ergeben eine weitere mögliche Zusatzkapazität von 10,4 %. Im Ergebnis kann also entsprechend den betrieblichen Erfordernissen insgesamt eine zusätzliche Kapazität zwischen 24,2 und 34,6 % eingesetzt werden.

Aus vielen Gesprächen mit Mitarbeitern und Führungskräften wissen wir, daß auch unsere Belegschaft die neue Arbeitszeitregelung positiv bewertet.

Wie die Samstagsarbeit persönlich beurteilt wird, hängt im übrigen sehr von den individuellen Lebensumständen des einzelnen Mitarbeiters ab. Zum Beispiel sehen sportbegeisterte Mitarbeiter, die Kollek-

B.3 Die praktische Umsetzung in der Personalarbeit

Abb. B.3.28: Flexibilisierungskomponenten

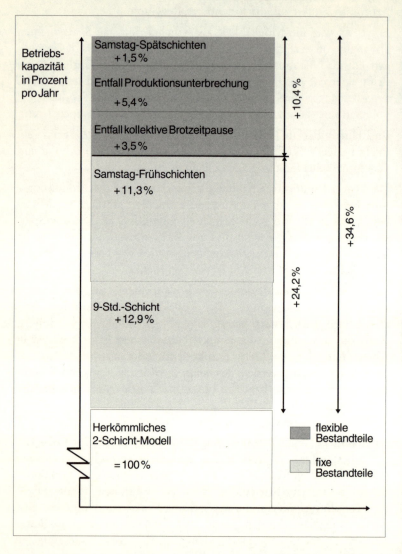

tivsportarten (wie zum Beispiel Fußball) betreiben, Nachteile, da entsprechende Veranstaltungen häufig am Samstag stattfinden.

Dagegen sehen Mitarbeiter, die individuell Sport treiben, grundsätzlich Vorteile. So hat ein Skiausflug oder ein Besuch im Fitness-Center während der Woche und damit ohne „Gedränge" ganz sicher seine Reize.

3.5 Wert „Selbständigkeit und Individualität" 111

Für viele unserer weiblichen Mitarbeiter bietet die 4-Tage-Woche eine willkommene Möglichkeit, ihre Hausfrauen- bzw. Familienrolle mit einer beruflichen Vollzeittätigkeit verbinden zu können und nicht in Teilzeit ausweichen zu müssen.

Darüber hinaus deuten auch einige Kenngrößen auf eine positive Resonanz hin:
– Im Werk Regensburg liegen die Fehlzeiten (auch an Samstagen) nach wie vor vergleichsweise niedrig.
– Die Zahl der Bewerbungen und die häufige Erwähnung des Arbeitszeitmodells deuten auf eine hohe Attraktivität dieser Arbeitszeitform hin.
– Die produzierte Qualität hält nach wie vor höchsten Ansprüchen stand.

Natürlich sind, wie bei allen neuen Formen von flexibler Arbeitszeitgestaltung, auch Schwierigkeiten zu überwinden. So stellt das rollierende Schichtsystem mit den langen Freizeitblöcken besondere Anforderungen an die Informationsweitergabe zwischen Kollegen und Führungskräften. Auch die gerechte Verteilung der Ausgleichsschichten unter Einbeziehung der Mitarbeiterinteressen fordert den Vorgesetzten in hohem Maße. Ebenso verleiten die langen Freizeitblöcke zu einer Vernachlässigung des regelmäßigen Urlaubabbaus, da „man ja bereits genügend Freizeit" für Kurzurlaube im Rahmen der 4-Tage-Woche hat.

Nicht unerwähnt bleiben dürfen auch die Erschwernisse im Zusammenhang mit Bildungsmaßnahmen, die an Samstagen stattfinden. Hier erfordert die Samstagsarbeit entsprechende betriebliche Maßnahmen, zum Beispiel durch eine gezielte Ausrichtung des Bildungsangebots auf das Arbeitszeitmodell.

Mit der Einführung des Zweischicht-Betriebes kamen aus Sicht unserer Mitarbeiter zur 4-Tage-Woche weitere Vorteile hinzu. Positiv wird zum Beispiel gesehen:
– die Reduzierung der regelmäßigen Samstagsarbeit um 50 %,
– die Beschränkung der Samstagsarbeit auf die Samstag-Frühschicht,
– geringere Probleme bei Bildungsmaßnahmen an Samstagen.

Vergleicht man den Schichtrhythmus unseres Arbeitszeitmodells mit einem herkömmlichen Zweischicht-Betrieb, dann wird der zusätzliche Freizeitgewinn im Arbeitszeitmodell deutlich (Abbildung B.3.29, S. 112). Dem alle 3 Wochen zusätzlich zu arbeitenden Sams-

Abb. B.3.29: Vergleich „Normaler" Zweischicht-Betrieb mit dem Arbeitszeitmodell

„Normaler" Zweischicht-Betrieb:
Mo Di Mi Do Fr Sa So Mo Di Mi Do Fr Sa So Mo Di Mi Do Fr Sa So

Arbeitszeitmodell:
Mo Di Mi Do Fr Sa So Mo Di Mi Do Fr Sa So Mo Di Mi Do Fr Sa So

- Identische Arbeitstage in beiden Systemen
- Zusätzlicher freier Tag (Freischicht) im Vergleich zum Arbeitszeitmodell
- Zusätzlicher Arbeitstag im Vergleich zu „normaler" Zweischicht
- Zusätzlicher freier Tag im Vergleich zu „normaler" Zweischicht

tag stehen im gleichen Zeitraum (ohne Berücksichtigung von Ausgleichs- bzw. Freischichten) 5 zusätzliche freie Tage gegenüber!

Und letztlich darf auch der positive Beitrag zum Thema Umwelt nicht übersehen werden, der sich aus der geringeren Anzahl der Arbeitstage und dem dadurch verringerten Verkehrsaufkommen ergibt (vgl. Kapitel B.5.4).

3.5.3 Arbeitszeitregelung für das Zweigwerk in Wackersdorf

Bis 1993 war für die beiden Produktionsbereiche in Wackersdorf (Kleinteilefertigung und Cabrio-Karosserierohbau) die Einbeziehung des Samstags als Betriebszeit noch nicht erforderlich. Aufgrund der ab 1.4.93 geltenden Betriebsvereinbarung ist dies künftig möglich.

Die derzeitige Regelung der Kleinteilefertigung wurde mit Anlauf des neuen BMW-Cabrios auch auf den Karosserierohbau übertragen. Dieses Arbeitszeitmodell umfaßt im Zweischicht-Betrieb eine Betriebszeit von Montag bis Freitag von 2 x 9 Stunden. Der einzelne Mitarbeiter arbeitet persönlich 4 Tage à 9 Stunden mit einem im Wochenrhythmus rollierenden freien Tag (Schichtplan siehe Abbildung B.3.30).

Neu ist, daß die jahreszeitlich bedingten Produktionsschwankungen in der Cabrio-Fertigung ausgeglichen werden können. Cabriolets

Abb. B.3.30: Schichtplan Werk Wackersdorf – Cabrio-Karosserierohbau (ab 4/93)

Frühschichtwochen: 1 – 3

Mo	Di	Mi	Do	Fr	Sa	Mo	Di	Mi	Do	Fr	Sa	Mo	Di	Mi	Do	Fr	Sa
A1	A1	A1	A1			B1		B1	B1	B1		A1	A1		A1	A1	
A2		A2	A2	A2		B2	B2		B2	B2		A2	A2	A2		A2	
A3	A3		A3	A3		B3	B3	B3		B3		A3	A3	A3	A3		
A4	A4	A4		A4		B4	B4	B4	B4				A4	A4	A4	A4	
A5	A5	A5	A5				B5	B5	B5	B5		A5		A5	A5	A5	

...bis 10. Woche

Spätschichtwochen: 1 – 3

Mo	Di	Mi	Do	Fr	Sa	Mo	Di	Mi	Do	Fr	Sa	Mo	Di	Mi	Do	Fr	Sa
	B1	B1	B1	B1		A1		A1	A1	A1		B1	B1		B1	B1	
B2		B2	B2	B2		A2	A2		A2	A2		B2	B2	B2		B2	
B3	B3		B3	B3		A3	A3	A3		A3		B3	B3	B3	B3		
B4	B4	B4		B4		A4	A4	A4	A4				B4	B4	B4	B4	
B5	B5	B5	B5				A5	A5	A5	A5		B5		B5	B5	B5	

Schichtgruppe A = A1 – A5 (Mitarbeitergruppen)
Schichtgruppe B = B1 – B5 (Mitarbeitergruppen)

...bis 10. Woche

haben jeweils im 1. Halbjahr Hochsaison. Zum Frühjahr und Sommer hin besteht eine größere Nachfrage, in der zweiten Jahreshälfte sinkt die Nachfrage und damit die Produktion. Die Arbeitszeit im Wackersdorfer Werk ist entsprechend saisonal unterschiedlich und garantiert damit eine kontinuierliche Beschäftigung auch in Zeiten geringerer Nachfrage.

Das Modell funktioniert wie folgt: In Zeiten hoher Nachfrage werden zusätzliche Samstag-Schichten geleistet. Diese werden in Zeiten geringerer Nachfrage durch nicht zu leistende Schichten ausgeglichen (Abbildung B.3.31, S. 114). Im Durchschnitt wird damit für den Mitarbeiter wieder die 4-Tage-Woche erreicht. Die Betriebszeit kann demzufolge auf 99 Stunden ausgedehnt werden, soweit die jahreszeitliche Nachfrage dies erfordert.

Diese flexible „Wackersdorfer" Arbeitszeitregelung stellt einen wichtigen Schritt dar, bezogen auf die Möglichkeit, einen im Jahresverlauf unterschiedlichen Produktionsanfall nicht über Personalmaßnahmen, sondern über die **Saisonalisierung von Arbeitszeit** zu kompensieren.

B.3 Die praktische Umsetzung in der Personalarbeit

Abb. B.3.31: Saisonalisierung Arbeitszeit Werk Wackersdorf – Cabrio-Karosserierohbau (ab 4/93)

Beispiel für 3 Wochen mit zusätzlichen Schichten in Zeiten hoher Nachfrage (z. B. März)

Mo	Di	Mi	Do	Fr	Sa	Mo	Di	Mi	Do	Fr	Sa	Mo	Di	Mi	Do	Fr	Sa
	A1	A1	A1	A1	A1	B1		B1	B1	B1	B1	A1	A1		A1	A1	A1
A2		A2	A2	A2	A2	B2	B2		B2	B2	B2	A2	A2	A2		A2	A2
A3	A3		A3	A3	A3	B3	B3	B3		B3	B3	A3	A3	A3	A3		
A4	A4	A4		A4	A4	B4	B4	B4	B4				A4	A4	A4	A4	A4
A5	A5	A5	A5				B5	B5	B5	B5	B5	A5		A5	A5	A5	A5

...bis 10. Woche

Beispiel für 3 Wochen mit freien Schichten in Zeiten niedriger Nachfrage (z. B. September)

Mo	Di	Mi	Do	Fr	Sa	Mo	Di	Mi	Do	Fr	Sa	Mo	Di	Mi	Do	Fr	Sa
	A1	A1	A1			B1		B1	B1			A1	A1		A1		
A2		A2	A2			B2	B2		B2			A2	A2	A2			
A3	A3		A3			B3	B3	B3				A3	A3	A3	A3		
A4	A4	A4				B4	B4	B4	B4				A4	A4	A4		
A5	A5	A5	A5				B5	B5	B5			A5		A5	A5		

Schichtgruppe A = A1 – A5 (Mitarbeitergruppen)
Schichtgruppe B = B1 – B5 (Mitarbeitergruppen)

...bis 10. Woche

3.5.4 Gleitzeitmodell für die Verwaltungsbereiche in Regensburg und Wackersdorf

Aus den beiden Schichtsystemen ergibt sich auch für den Verwaltungsbereich die Notwendigkeit, in begrenztem Umfang an Samstagen zu arbeiten. Die betrieblich notwendige Samstagsarbeit ist je nach Fachbereich mit ca. 5 – 20 % anzusetzen.

So lag es nahe, hierfür kein starres Schichtsystem, sondern ein flexibles Gleitzeitsystem einzuführen, das dem Mitarbeiter im Rahmen der betrieblichen Möglichkeiten persönliche Gestaltungsfreiräume bei der Einteilung seiner Arbeitszeit bietet.

Im einzelnen standen für die Erarbeitung der Regensburger Gleitzeitregelung folgende Ziele im Vordergrund:

– Die Auflösung des traditionellen „Gleitzeitkonfliktes" zwischen Mitarbeitern und Vorgesetzten durch eine stärkere und direktere Verpflichtung des Mitarbeiters, die betrieblichen Belange gleichrangig mit den persönlichen Interessen zu berücksichtigen.
– Die Einbeziehung des Samstags unter gleichzeitiger Beibehaltung der durchschnittlichen persönlichen 5-Tage-Woche.
– Eine klare Trennung von Gleitzeitstunden und Überstunden.

3.5 Wert „Selbständigkeit und Individualität"

Mit dem Abschluß der ab Mai 1988 geltenden Gleitzeit-Betriebsvereinbarung wurden diese Ziele verwirklicht. Grundprinzip ist dabei ein ausgewogenes Verhältnis von Rechten und Pflichten für alle Mitarbeiter, die an der Gleitzeit teilnehmen.

Bereits im Grundsatz der Regelung wird ausgedrückt, daß der Mitarbeiter eigenverantwortlich seine persönlichen Bedürfnisse und die betrieblichen Belange bei der Einteilung seiner Arbeitszeit zu berücksichtigen hat.

Neben der bei Gleitzeitregelungen üblichen Flexibilität bezüglich Lage und Dauer der täglichen Arbeitszeit beinhaltet dieses neue Gleitzeitmodell eine zusätzliche Gleitzeitdimension (Abbildung B.3.32) mit der Möglichkeit, die wöchentliche Sollarbeitszeit von 5 Tagen auf alle 6 Werktage (Montag bis Samstag) zu verteilen.

Abb. B.3.32: Gleitzeitdimensionen

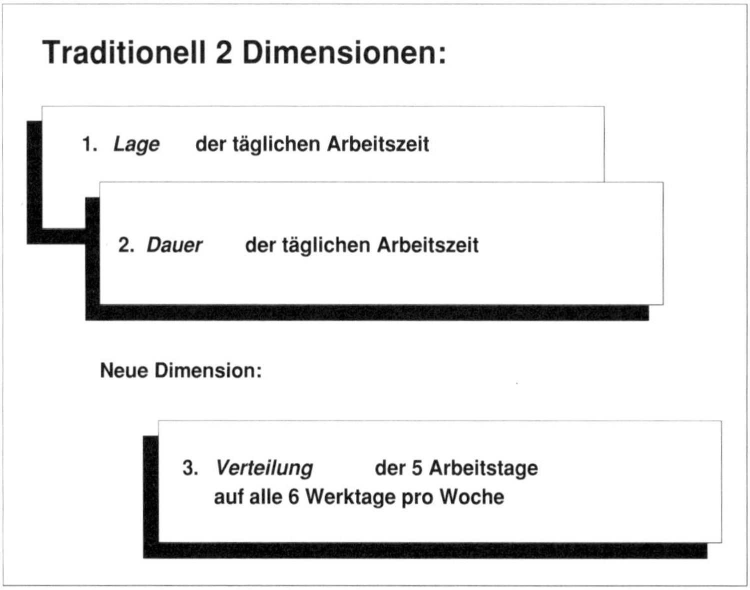

Traditionell 2 Dimensionen:

1. *Lage* der täglichen Arbeitszeit

2. *Dauer* der täglichen Arbeitszeit

Neue Dimension:

3. *Verteilung* der 5 Arbeitstage auf alle 6 Werktage pro Woche

Einzelne Mitarbeiter decken so die vom Vorgesetzten der jeweiligen Gruppe vorgegebene Mindestanwesenheit am Samstag ab. Die Mitarbeiter der Gruppe entscheiden im Rahmen der Gleitzeit selbständig, wer an welchem Samstag anwesend ist.

Dabei ist Samstagsarbeit auch über das betrieblich notwendige Mindestmaß hinaus auf freiwilliger Basis möglich (Beispiel: Der Ehepartner des Mitarbeiters arbeitet im Einzelhandel regelmäßig an Samstagen. Der Mitarbeiter bevorzugt freie Tage während der Woche und arbeitet dafür an Samstagen). Im Idealfall wird damit die im begrenzten Umfang notwendige Samstagsarbeit auf freiwilliger Basis abgedeckt.

Die regelmäßige 5-Tage-Woche bleibt dabei im Durchschnitt bestehen, weil der Mitarbeiter entweder in der laufenden oder in der nächsten Woche für den gearbeiteten Samstag einen freien Tag (den sogenannten Ausgleichstag) erhält. Damit kann der Mitarbeiter für seine persönliche Arbeitszeit wöchentlich zwischen 4, 5 und 6 Werktagen wählen.

Zusätzlich zu den Ausgleichstagen konnte der Mitarbeiter bis zu 2 Gleittage im Monat, maximal 12 pro Jahr, in Anspruch nehmen. Da hierfür eine entsprechende „Verteilungsmasse" erforderlich ist, wurde der Gleitzeitrahmen zunächst auf monatlich +/– 15 Stunden festgelegt.

Dieser Gleitzeitrahmen bietet dem Mitarbeiter einen zeitlichen Gestaltungsspielraum mit entsprechender Verantwortung für die betrieblichen Belange seiner Arbeit (Prinzip der Delegation von „Rechten und Pflichten" – Abbildung B.3.33).

Daraus folgt, daß innerhalb dieses Gleitzeitrahmens definitionsgemäß keine Überstunden anfallen. Damit ist eine klare Trennung von Gleitzeit und Überstunden erreicht.

Erweiterung des Gleitzeitmodells

Bereits seit ihrer Einführung im Jahr 1988 war die Gleitzeitregelung des Standortes Regensburg geprägt von dem Ziel, dem Mitarbeiter persönliche Gestaltungsfreiräume zu bieten und **gleichzeitig** die betrieblichen Erfordernisse abzudecken.

Wie bereits erwähnt, hatte jeder Mitarbeiter bisher schon die Verpflichtung, betriebliche Belange und persönliche Interessen bei der Einteilung seiner Arbeit gleichermaßen zu berücksichtigen. Der Samstag war und ist ein möglicher Arbeitstag unter gleichzeitiger Beibehaltung der 5-Tage-Woche, und der Teamgedanke wird gefördert durch den notwendigen Abstimmungsprozeß für Arbeitseinteilung und Anwesenheit in den Arbeitsgruppen.

Diese Komponenten wurden nun in mehrfacher Hinsicht weiterentwickelt mit dem Ziel, den arbeitszeitbezogenen Entscheidungs- und Gestaltungsspielraum der Mitarbeiter ab 1.4.1993 nochmals zu erweitern.

3.5 Wert „Selbständigkeit und Individualität"

Abb. B.3.33: Gleitzeit als Erweiterung des Prinzips der Delegation

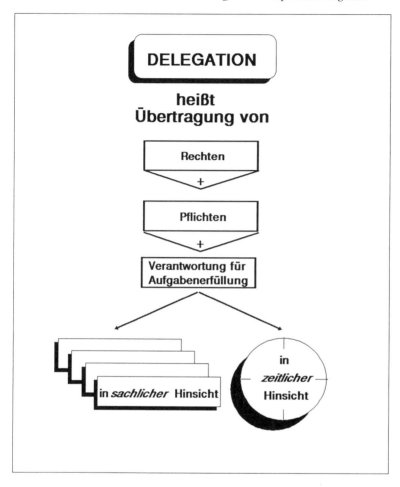

Zunächst wurde durch die Ausdehnung des Ausgleichszeitraumes auf 6 Monate (Kalenderhalbjahr) die Flexibilisierung gestärkt.

Dies ermöglicht es dem Mitarbeiter und dem Vorgesetzten noch besser als bisher, den Grundsatz der Eigenverantwortlichkeit des Mitarbeiters bei der Einteilung der Arbeitszeit zu berücksichtigen. Dazu dient auch die neue Grenze des Gleitzeitguthabens bzw. -defizites von +/– 40 Stunden am Ende des sechsmonatigen Ausgleichszeitraumes.

Die klare Trennung zwischen Gleitzeit und Überstunden wurde auch in der erweiterten Regelung beibehalten. Innerhalb des Ausgleichszeitraumes besteht damit für Guthaben (und auch für Defizite) keine Beschränkung. Erst bei einem Überschreiten des 40-Stunden-Guthabens nach Ablauf des Ausgleichszeitraumes fallen Überstunden an. Gleitzeitdefizite von mehr als 40 Stunden werden dementsprechend vom Gehalt abgezogen.

Eine Erweiterung des Gestaltungsspielraumes stellt auch die Tatsache dar, daß es eine Begrenzung der Gleittage nicht mehr gibt. In Verbindung mit dem erweiterten Gleitzeitguthaben besteht damit verstärkt die Möglichkeit, auch längere Freizeitblöcke zu nutzen.

Weitere Veränderungen wurden auch bei den täglichen Arbeitszeiten durchgeführt; dabei sind die um 30 Minuten verlängerte Rahmenarbeitszeit (6.30 Uhr bis 18.30 Uhr) und die um 30 Minuten verkürzte Kernarbeitszeit (8.30 Uhr bis 14.00 Uhr) erwähnenswert.

Die neuen Bausteine der Gleitzeitregelung des Standortes Regensburg (Abbildung B.3.34) fügen sich damit nahtlos in die eingangs erwähnte Zielsetzung ein. Sie ergänzen auch die bisherigen Grundsätze der Regelung, die aus einem ausgewogenen Verhältnis von Rechten und Pflichten für die Mitarbeiter besteht, die an der Gleitzeit teilnehmen.

Ein Jahr nach Einführung der „Neuen Gleitzeit" sind die bisherigen Erfahrungen durchweg positiv. Durch den längeren Ausgleichszeitraum können Schwankungen in der Belastung der Mitarbeiter wesentlich besser kompensiert werden. Als Folge ist ein deutlicher Rückgang der Überstunden zu verzeichnen.

Auch die – anfangs von mancher Führungskraft durchaus skeptisch gesehene – Aufhebung der Begrenzung für Gleittage hat sich bewährt. Die Mitarbeiter gehen mit ihrem erweiterten Handlungsspielraum verantwortungsvoll um und beziehen auch die betrieblichen Erfordernisse in ihre Arbeitszeitgestaltung ein.

Diese positiven Erfahrungen ermutigten uns, ab 1995 eine weitere Ausdehnung des Ausgleichszeitraumes auf ein volles Kalenderjahr vorzunehmen.

Zusammenfassend ist festzuhalten, daß die Bausteine der Regensburger Arbeitszeitregelung durch die Veränderungen ab 1993 nochmals an Flexibilität gewonnen haben und die Verantwortung sowie die Selbständigkeit der Mitarbeiter noch stärker betont werden.

Alle Regelungen bilden zusammengefaßt neben der Abdeckung des Wertes „Selbständigkeit und Individualität" einen wichtigen Beitrag

3.5 Wert „Selbständigkeit und Individualität"   119

bisher:	+	**neu:**

- gleichrangig:
  betriebliche Notwendigkeiten
  und persönliche Interessen
  (Präambel)
  → Delegationsprinzip

- Verteilung der Arbeitszeit
  (Einbeziehung des Samstags)

- Förderung des Teamgedankens

- klare Trennung von Gleitzeit-
  und Überstunden

- Ausgleichszeitraum 6 Monate *

- Gleitzeit-Guthaben +/- 40 Stunden

- Überstunden nach 6 Monaten *
  ab 41. Stunde

- Gleittage unbegrenzt

- Rahmenarbeitszeit 6.30 Uhr - 18.30 Uhr

- Kernarbeitszeit 8.30 Uhr - 14.00 Uhr

*   ab 1995:   12 Monate

Abb. B.3.34: Übersicht der bisherigen und neuen Elemente der Regensburger Gleitzeitregelung zur Effizienzsteigerung und damit zur Arbeitsplatzsicherung im Werk Regensburg.

3.5.5 Münchner Arbeitszeitmodell

Im November 1991 hat BMW auch im Münchner Werk die persönliche 4-Tage-Woche für Mitarbeiter im Zweischicht-Betrieb eingeführt. Rund 7.000 Mitarbeiter arbeiten seither regelmäßig nur noch an vier Tagen in der Woche, aber täglich eine halbe Stunde länger als bisher. Der Schichtplan entspricht dem Wackersdorfer Schichtplan (Abbildung B.3.30, S. 113) und wurde so gestaltet, daß die Mitarbeiter alle fünf Wochen von Freitag bis einschließlich Montag ein langes Wochenende genießen können.

Die Produktionsmaschinen sind nach wie vor fünf Tage in der Woche in jeweils zwei Schichten in Betrieb. Mit dieser neuen Regelung konnte die wöchentliche Betriebszeit ohne zusätzliche Investitionen um rund acht Prozent erhöht werden. Das heißt, auch im Münchner Arbeitszeitmodell erhalten die Mitarbeiter mehr Freizeit. Gleichzeitig erzielt das Unternehmen eine höhere Auslastung der Produktionsanlagen und damit eine Senkung der Stückkosten.

Mit der regelmäßigen 4-Tage-Woche arbeiten die Mitarbeiter 34,3 Stunden pro Woche. Um die tarifliche Wochenarbeitszeit von derzeit 36 Stunden zu erreichen, fallen für die Mitarbeiter, wie im Regensburger Modell, Ausgleichsschichten an. Diese Schichten werden bedarfsweise gefahren.

Damit kann die Produktion flexibel den betriebsbedingten Erfordernissen angepaßt werden. Ein weiterer wesentlicher Aspekt betrifft den täglichen Pendelverkehr. Da die Mitarbeiter jetzt nur noch vier- statt bisher fünfmal wöchentlich ins Münchner Werk fahren, verkürzt sich ihre persönliche Wegezeit pro Woche, gleichzeitig wird der Berufsverkehr erheblich entlastet.

3.5.6 Insgesamt 200 flexible Arbeitszeitregelungen

Mittlerweile sind nahezu 15.000 BMW-Mitarbeiter in drei Werken und anderen Bereichen (zum Beispiel den Vertriebsniederlassungen) nach diesen oder vergleichbaren Modellen in einer persönlichen 4-Tage-Woche beschäftigt. Eine vergleichende Übersicht der verschiedenen 4-Tage-Schichtmodelle zeigt Abbildung B.3.35.

BMW bietet insgesamt über 200 Regelungen für flexible Arbeitszeiten. Die gesamte Palette betrieblicher Gestaltungsmöglichkeiten um-

3.5 Wert „Selbständigkeit und Individualität"

Abb. B.3.35: Übersicht 4-Tage-Arbeitszeitmodelle BMW AG

	Arbeitszeitmodell München	Arbeitszeitmodell Regensburg	Arbeitszeitmodell Wackersdorf	AZ-Regelungen Servicebereiche Niederlassungen
Merkmale	2-Schicht-Betrieb Produktion mit verlängerter Betriebszeit	2-Schicht-Betrieb Produktion mit flexibler Bandbreite einer verlängerten Betriebszeit	2-Schicht-Betrieb Produktion mit verlängerter Betriebszeit u. Saisonalisierung	1-Schicht-Betrieb kundennahe Bereiche mit verlängerter Tagespräsenz
Betriebszeit	83,3 Std./Woche Mo bis Fr Option auf einzelne Sa-Frühschichten	99 Std./Woche Mo bis Sa-Frühschicht Option auf einzelne Sa-Spätschichten	90 Std./Woche Mo bis Fr Option Mo bis Sa Ausgleich Mo bis Do	55 Std./Woche Mo bis Fr Kundenbereiche/Werkstatt i.d.R. 7.00 bis 18.00 Uhr versetzte Einteilung oder gleitende Arbeitszeit
Mitarbeiter	4-Tage-Woche 8,58 Std./Tag 9 Ausgleichsschichten/Jahr ca. 6800 MA	4-/4-/3-Tage-Woche 9 Std./Tag 8 Ausgleichsschichten/Jahr ca. 5200 MA	4-(3-/5-)-Tage-Woche 9 Std./Tag ca. 400 MA	4-Tage-Woche 9 bis 10 Std./Tag rollierende Schicht oder gleitende Arbeitszeit ca. 2000 MA
Tarifl. Arbeitszeit	36 Std./Woche	36 Std./Woche	36 Std./Woche	37 bzw. 40 Std./Woche

faßt die Flexibilisierung der Tages-, Wochen-, Monats- und Jahresarbeitszeit.

Sie reicht von der Gleitzeit und Teilzeit über rollierende Mehrfachbesetzungen und saisonalisierte Arbeitszeit bis hin zu längeren Freizeitblöcken (Sabbaticals). Darüber hinaus gibt es für bestimmte Gruppen Sondervereinbarungen, zum Beispiel für Beschäftigte im zentralen Rechenzentrum, für die Feuerwehr oder den Werkschutz.

Eine längere als die tarifliche Regelarbeitszeit von derzeit 36 Stunden hat BMW in Abstimmung mit dem Betriebsrat mit rund 6.500 Mitarbeitern vereinbart. Wissen und Erfahrung dieser hochqualifizierten Spezialisten stünden bei einer Normalarbeitszeit nicht in dem Maße ausreichend zur Verfügung.

Die Zahl von mehr als 200 verschiedenen Arbeitszeitregelungen zeigt, daß es in Arbeitszeitfragen keine Patentrezepte gibt. Vielmehr erfordern die teilweise sehr unterschiedlichen Rahmenbedingungen in den einzelnen Standorten bzw. Bereichen eines Unternehmens spezifische, auf die jeweilige Situation zugeschnittene Lösungen. Auf überbetrieblicher Ebene gilt diese Aussage in noch stärkerem Maße.

Aus unserer Sicht sind neben den Werteaspekten folgende Faktoren bei der konkreten Ausgestaltung betrieblicher Arbeitszeitregelungen zu berücksichtigen (Abbildung B.3.36):
– das wirtschaftliche Umfeld
  (zum Beispiel Marktsituation und Produktionsumfang)
– das betriebliche Umfeld
  (zum Beispiel saisonale Auslastungsschwankungen)
– die personelle Situation
  (zum Beispiel Arbeitsmarkt und Personalbeschaffungssituation)
– das rechtliche und tarifpolitische Umfeld
  (zum Beispiel gesetzliche und tarifliche Regelungen)
– die regelungstechnische Situation
  (zum Beispiel bisherige Arbeitszeitregelung)
– das soziale Umfeld
  (zum Beispiel Haltung des Betriebsrates)
– das produktionstechnische Umfeld
  (zum Beispiel Produktions- und Arbeitsstrukturen)
– das infrastrukturelle Umfeld
  (zum Beispiel Verkehrsanbindung).

Auf der Grundlage einer eingehenden Analyse der betrieblichen Situation und der Umfeldbedingungen besteht die Chance, ein

3.5 Wert „Selbständigkeit und Individualität"

Abb. B.3.36: Analyse der betrieblichen Situation und der Umfeldbedingungen

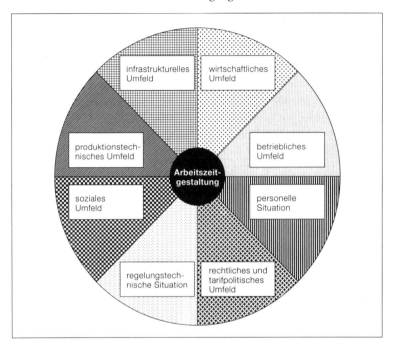

jeweils maßgeschneidertes Arbeitszeitoptimum zu entwickeln (*Bihl/Berghahn/Theunert*, 1995).

3.5.7 Teilzeit-Offensive

Teilzeitarbeit wird immer beliebter. Mehr als 1.600 Mitarbeiter nutzen die Möglichkeit, weniger als die tariflich festgelegte Wochenarbeitszeit zu arbeiten. Noch ist Halbtagsarbeit am häufigsten; Familie und Beruf lassen sich bei dieser Regelung besonders gut miteinander verbinden. Zunehmend attraktiv wird aber eine tageweise Teilzeit. So gibt es beispielsweise die 2- und 3-Tage-Woche im Wechsel. Bei dieser Variante fallen für den Mitarbeiter weniger Wegezeiten an, der Verkehr wird entlastet.

Für eine noch stärker individuelle Gestaltung der Arbeitszeit haben wir 1994 die „Teilzeit-Offensive" gestartet. Getreu dem Grundsatz „Jeder Wunsch nach Teilzeit wird erfüllt" sollen nicht nur die bisherigen vielfältigen Möglichkeiten der Teilzeit besser genutzt werden. Vorgesehen ist auch die intensivere Anwendung neuer bzw. seltener Formen, wie zum Beispiel befristete Teilzeit, temporäre Teilzeit oder auch Job-sharing mehrerer Mitarbeiter.

Darüber hinaus bieten wir seit 1994 auf Wunsch allen Mitarbeitern und Führungskräften neben dem Urlaub zusätzliche Freizeitblöcke (Sabbaticals) an. In den nächsten Jahren erhält jeder interessierte Mitarbeiter die Möglichkeit, ein Sabbatical zwischen einem und sechs Monaten bei proportionaler Entgeltminderung zu vereinbaren. Damit schaffen wir die Möglichkeit für längere „Regenerations"- Pausen, mehrmonatige Qualifizierungsmaßnahmen ohne Unterbrechung des Arbeitsverhältnisses etc. Solche Freizeitblöcke müssen natürlich auf die Erfordernisse am Arbeitsplatz abgestimmt werden.

3.5.8 Die Zukunftsvision: Von der Zeitorientierung zur Ergebnisorientierung

Einen ersten Schritt in Richtung Ergebnisorientierung geht BMW bei seinen etwa 2.700 außertariflichen Führungskräften. Bereits seit 1988 gibt es für diesen Mitarbeiterkreis keine Erfassung der täglichen Arbeitszeit mehr.

Im Vordergrund steht nicht die Ableistung einer bestimmten Stundenzahl, sondern die Erfüllung der Aufgabe.

Eine noch deutlichere Hinwendung zu erweiterten Verantwortungs- und Gestaltungsspielräumen stellt die seit 1989 geltende volle Arbeitszeitsouveränität des oberen Managements dar. Bei diesen etwa 400 Führungskräften werden auch keine Urlaubskonten mehr geführt. Eine zielgerichtete Ergebnisorientierung und ausgeprägtes unternehmerisches Handeln machen sämtliche Regelungen zur Zeiterfassung entbehrlich.

Aber wie sieht es beim tariflichen Mitarbeiterkreis aus?

Auf vielen personalpolitischen Gebieten gehen wir heute konsequent den Weg der Verlagerung von Verantwortung und Kompetenzen „nach unten". Wir erweitern die Handlungs- und Gestaltungsspielräume unserer Mitarbeiter und messen ihren Erfolg an der Erreichung definierter Ziele und Ergebnisse.

Ist es da nicht ein Anachronismus, daß wir in der Frage der Arbeitszeit die Zeiterfassungssysteme mit großem Aufwand immer weiter perfektionieren und damit die Anwesenheit anstelle der Leistung bezahlen?

Wäre es nicht motivierender und effizienzfördernder, zukünftig bei allen Mitarbeitern die Ergebisorientierung anstelle der heutigen Anwesenheitsorientierung in den Vordergrund zu stellen? Müssen wir nicht generell den Schritt von der traditionellen Zeitorientierung zu einer aufgabenbezogenen Ergebnisorientierung wagen?

Auch wenn vor der praktischen Realisierung dieser Vision noch viele Fragen zu klären sind (z. B. nach den meßbaren Erfolgskriterien), halte ich dies für die größte Herausforderung auf dem Gebiet der Arbeitszeitgestaltung in den nächsten Jahren.

3.5.9 Ausbildungskonzept des Werkes Regensburg

Das Ausbildungskonzept des Werkes Regensburg orientiert sich ebenfalls an der zunehmenden Bedeutung des Wertes „Selbständigkeit und Individualität". Gerade bei den in Ausbildung befindlichen Jugendlichen sehen wir eine Hauptaufgabe in der individuellen Persönlichkeitsbildung.

Dies kommt unter anderem durch folgende Neuerungen im Regensburger Ausbildungskonzept zum Ausdruck:
- Die Organisation der Ausbildung ist in der Form geregelt, daß ein Ausbilder für die Auszubildenden einer Fachrichtung als konstanter Ansprechpartner und ständige Bezugsperson über den gesamten Ausbildungszeitraum hinweg verantwortlich ist.
- Darüber hinaus wird sowohl die fachliche als auch die persönliche Bindung zwischen dem Ausbilder und „seinen" Auszubildenden dadurch verstärkt, daß der Ausbilder alle Fachinhalte seiner Ausbildungsrichtung vermittelt.
- Durch die räumliche Integration des Fachunterrichts in die praktische Ausbildung im Ausbildungsbereich vor Ort an den Ausbildungsplätzen wird die Trennung von Ausbildungsplatz und Unterrichtsraum aufgehoben, wodurch eine situationsbezogene individuelle Wissensvermittlung möglich ist.

Durch den Neubau des Bildungszentrums, in welchem auch die Ausbildung beheimatet ist, hatten wir die wohl einmalige Chance, unsere Bildungskonzeption im Rahmen der Gebäudeplanung in optimaler Weise funktional und räumlich umzusetzen.

Die fortschreitende Einführung der neuen Arbeitsstrukturen mit dem Schwerpunkt Gruppenarbeit erfordert auch in der beruflichen Erstausbildung zukunftsorientiert ausgerichtete neue Wege.

3.5.10 Gruppenarbeit in der Ausbildung

Im Werk Regensburg haben wir mit dem beschriebenen Ausbildungskonzept und den darin enthaltenen Elementen der Persönlichkeitsbildung und der Vermittlung von Schlüsselqualifikationen zwar schon gute Voraussetzungen für neue Arbeitsstrukturen und Gruppenarbeit geschaffen. Dies reichte uns aber nicht mehr aus. Deshalb haben wir uns 1993 an das Thema „echte" Gruppenarbeit in der Ausbildung herangewagt und mit unseren Ausbildungsmeistern in mehreren Workshops ein entsprechendes Konzept entwickelt und ab September 1993 in die Praxis eingeführt.

Ziel ist dabei, bereits in der Ausbildung den künftigen Facharbeiter mit den Bestandteilen der Gruppenarbeit vertraut zu machen.

Auf diese Weise wird der Auszubildende neben den fachlichen Kenntnissen auch mit allen Bedingungen des künftigen Arbeitsumfeldes in den jeweiligen Technologiebereichen vertraut gemacht.

Als weitere Ziele sind zu nennen:
– die Einübung der Arbeitsform Gruppenarbeit im Rahmen der Ausbildung,
– die Stärkung der Eigenverantwortung der Auszubildenden und die Selbstorganisation der Ausbildungsgruppe,
– die Verbesserung der Arbeitszufriedenheit und des Arbeitsklimas in der Ausbildungsgruppe,
– die Beteiligung der Auszubildenden an Entscheidungsprozessen,
– die Einbindung der Auszubildenden in Planungsaktivitäten, wie zum Beispiel Ausbildungs- bzw. Arbeitsplatzgestaltung.

Im Mittelpunkt der konkreten Ausgestaltung der Gruppenarbeit in der Ausbildung steht dabei die gemeinsame Aufgabenstellung im jeweiligen Ausbildungsbereich.

Die Elemente der Gruppenarbeit sind dabei unter anderem:
– Der gewählte Gruppensprecher. Er organisiert und moderiert das Gruppengespräch, ist Sprachrohr der Gruppe und fördert Gruppenvorschläge.
– Regelmäßige Gruppengespräche.
– Konkrete Zielvereinbarungen und daraus abgeleitete Aufgaben/Maßnahmen für jede Ausbildungsgruppe.
– Dabei kann die Gruppe weitgehend selbst über die interne Aufgabenverteilung, über den Arbeitsablauf, die Arbeitsmethoden und über ihre internen Angelegenheiten bestimmen.
– Für die praktische Anwendung der Gruppenarbeit in der Ausbil-

dung erhält die Gruppe die entsprechenden Dispositions-, Zeit- und Planungsspielräume.
- Die Verantwortung für die Ausbildung verbleibt beim Meister. Das Führungsverhalten orientiert sich am fortschreitenden Prozeß der Gruppenarbeit.

3.6 Wert „Sicherheitsstreben"

Die Werteanalyse hat ergeben, daß dieser Wert – wohl aus einem menschlichen Grundbedürfnis heraus – eine konstant hohe Bedeutung hat. Dieses Ergebnis führte zu unserer personalpolitischen Grundsatzentscheidung, den Wert „Sicherheit" auch in Zukunft in hohem Maße abzudecken (Abb. B.2.5, S. 49 f.). Das Werk Regensburg bot auf diesem Gebiet eine Reihe von gestalterischen Ansatzpunkten.

3.6.1 Arbeitssicherheitskonzept

Zielsetzung und Schwerpunkt des Arbeitssicherheitskonzepts im Werk Regensburg ist die Integration der Arbeitssicherheitsverantwortung in die Führungsaufgabe der betrieblichen Vorgesetzten.

Denn die traditionelle ingenieurmäßige Strategie, Arbeitsunfälle durch eine Optimierung der Sicherheitstechnik auszuschließen, stößt nicht erst seit Vorliegen verhaltenspsychologischer Erkenntnisse an enge Grenzen. In diesem Zusammenhang gewinnt eine genauere Analyse der Ursachen von Arbeitsunfällen an Bedeutung. Sie zeigt, bezogen auf unser Unternehmen, daß die dominierenden Unfallursachen verhaltensrelevante Einflußfaktoren haben (*Cloos/Glier*, 1992).

Heute fungiert deshalb nicht mehr eine kleine Gruppe hauptamtlicher Sicherheitsfachleute als „Kontrollorgan" der Arbeitssicherheit, sondern diese Gruppe läßt vielmehr die Grundgedanken der Arbeitssicherheit durch Information, Beratung, Schulung etc. als Bestandteil jeder Führungsaufgabe zur Selbstverständlichkeit im betrieblichen Alltag werden.

Durch dieses veränderte Selbstverständnis der Arbeitssicherheit haben wir im Werk Regensburg im Sinne einer „Hilfe zur Selbsthilfe" und einer stärkeren dezentralen Verantwortung von Anfang an ein relativ niedriges Niveau der Unfallzahlen erreicht. Auch in den anderen Werken des Unternehmens konnte damit die Zahl der Unfälle kontinuierlich gesenkt werden.

3.6.2 Gesundheitspolitik

Die Aufgabe der Gesundheitspolitik in einem modernen Werk sehen wir darin, in enger Zusammenarbeit mit dem Fachbereich Arbeitssicherheit und den betrieblichen Vorgesetzten Maßnahmen zu entwickeln und durchzusetzen, die das Wohlergehen und das Leistungsvermögen der Mitarbeiter erhalten und verbessern.

Bedingt durch den immer schneller fortschreitenden Entwicklungsprozeß, die sich nahezu permanent verändernden Fertigungsverfahren und Produktionstechniken sowie die hieraus resultierenden Veränderungen des Gesamtkomplexes Arbeitssystem mit den betroffenen Komponenten **Mensch, Technik und Organisation** sehen wir künftig die Gewährleistung eines hohen Standards auf dem Gebiet des Arbeits- und Gesundheitsschutzes nur durch eine frühzeitige Einbindung in diesen Veränderungsprozeß als erreichbar an.

Als personalpolitische Konsequenz daraus müssen auf dem Gebiet der Gesundheitspolitik künftig folgende Rahmenbedingungen gewährleistet sein:
- Umsetzung einer stärker präventiv orientierten Gesundheitspolitik,
- Abkehr von einer reagierenden Haltung hin zu einer agierenden Funktion mit vorausschauenden, strategischen Ansätzen,
- Nutzung bzw. Einbindung aller im Unternehmen vorhandenen Potentiale zur Erzielung eines größtmöglichen Synergieeffektes (vgl. Kapitel B.3.6.3),
- Integration der Themenkomplexe durch Anpassung an künftige Arbeits- und Organisationsstrukturen (neue Arbeitsstrukturen, Weiterentwicklung neuer Formen der Zusammenarbeit, wie Gesundheitszirkel etc.).

3.6.3 Integration aller Sicherheitsfunktionen

Zum hohen Sicherheitsstandard des Werkes Regensburg trägt auch die organisatorische Integration aller Sicherheitsfunktionen des Werkes in einer Hand bei. Erstmals bei BMW sind
- die Werkfeuerwehr,
- der Werkschutz,
- das Rettungswesen,
- die Arbeitssicherheit,
- das Gesundheitswesen,
- der Umweltschutz

organisatorisch innerhalb des Personal- und Sozialwesens verknüpft.

Dies erlaubt eine wirksamere Zusammenarbeit in allen Fragen der Sicherheit und des Gesundheitswesens.

3.6.4 Ergonomische Arbeitsplatzgestaltung

Diese Zusammenarbeit schließt unter Einbeziehung der technischen Planungsabteilungen auch die Fragen der ergonomischen Arbeitsplatzgestaltung mit ein.

Im Werk Regensburg sind sowohl in der Montage als auch in der Lackiererei und im Karosserierohbau die Fertigungsmittel und die Umgebungseinflüsse auf dem modernsten Stand arbeitswissenschaftlicher Erkenntnisse.

Besonders hervorzuheben sind:
- die fast vollständige Abschaffung der Überkopfarbeit,
- die Mitfahrmöglichkeit für die Arbeiter im Montageband, die durch das Vermeiden des Mitlaufens eine deutliche Arbeitserleichterung mit sich bringt,
- die Verbesserung der ergonomischen Arbeitsposition (Körperhaltung) durch um 90° schwenkbare sowie höhenverstellbare Gehänge etc.,
- die Reduzierung von Hitze-, Geruchs- und Staubeinwirkung,
- die Reduzierung des Lärmpegels,
- das Vermeiden des Tragens von schweren Lasten,
- die Verbesserung der Beleuchtung.

Diese Beispiele zeigen, daß im Werk Regensburg die moderne Technik mit dem Ziel eingesetzt wurde, die Arbeitsbedingungen optimal zu gestalten. Nicht die menschenleere Fabrik ist unser Ziel, sondern die menschenfreundliche.

3.6.5 Flop des Monats

Mit all diesen Maßnahmen berücksichtigen wir das Grundbedürfnis nach Sicherheit, das heißt die hohe Bedeutung des Wertes „Sicherheitsstreben" für unsere Mitarbeiter.

Umgekehrt lehnen wir starres Sicherheitsdenken ab, da es in Absicherungsstrategien unserer Mitarbeiter und Führungskräfte mündet. Und ein Unternehmen wie BMW, dessen Erfolg von Innovationen und neuen Ideen abhängt, kann sich innovationshemmende Absicherungsstrategien nicht leisten.

Deshalb fordern wir in der BMW-Handlungsmaxime 9 (vgl. Kapitel B.3.3.2) unsere Mitarbeiter auf, „beherrschbare Risiken einzugehen". Um die Risikofreude zu fördern und mitzuhelfen, auch gelegentliche Mißerfolge zu überwinden, haben wir Anfang 1990 innerhalb des Personal- und Sozialwesens im Werk Regensburg eine Auszeichnung „Flop des Monats" eingeführt.

Mit dieser Auszeichnung, die regelmäßig im Rahmen einer internen Informationsveranstaltung vergeben wird, soll insbesondere deutlich gemacht werden, daß **richtige** Entscheidungen unter Risiko auch dann anerkennenswert bleiben, wenn das Ergebnis, zum Beispiel aufgrund nicht vorhersehbarer äußerer Umstände, nicht positiv ist.

Damit wollen wir denjenigen, die Mut zum beherrschbaren Risiko zeigen, auch im Falle eines Mißerfolges den Rücken stärken und so die Risikobereitschaft fördern.

3.7 Verknüpfung verschiedener Werte in der Praxis

Am Beispiel des zuletzt beschriebenen Wertes „Sicherheitsstreben" zeigt sich, daß die bisher isoliert behandelten Werte und die daraus abgeleiteten personalpolitischen Maßnahmen in der Realität miteinander verknüpft sind und sich gegenseitig beeinflussen.

So bedeutet der Wert „Sicherheitsstreben" für den einzelnen nicht nur Sicherheit **am** Arbeitsplatz, sondern auch Sicherheit **des** Arbeitsplatzes, Sicherheit des Entgelts (materielle Sicherheit) und Sicherheit bezüglich der künftigen Entwicklung seines Umfeldes („wissen, wo es langgeht").

Die folgende gedankliche Kette verdeutlicht den Zusammenhang und die gegenseitige Verstärkung verschiedener Werte:

Der Wert „Sicherheitsstreben" in seiner Ausprägung als Streben nach mehr Gewißheit über künftige Entwicklungen wird positiv beeinflußt durch eine aktive Informationspolitik, die sich aus dem Wert „Information und Kommunikation" ableitet.

Der damit gut informierte Mitarbeiter, der sich bezüglich der künftigen Entwicklung seines betrieblichen Umfeldes sicherer als bisher fühlt, wird die Freiräume, die sich aus der Abdeckung des Wertes „Selbständigkeit und Individualität" ableiten, sowohl stärker nutzen wollen (Leistungsbereitschaft) als auch stärker nutzen können (Leistungsmöglichkeit). Dies führt nicht nur zu einer Steigerung der Leistung, sondern nach dem Prinzip „Leistung und Gegenleistung" auch zu einer Honorierung dieser Leistung. Ist diese Honorierung materieller Art, so wird dadurch das Bedürfnis nach materiellem „Sicherheitsstreben" des Mitarbeiters befriedigt, womit sich der Kreis schließt.

4. Die werteorientierte Personalpolitik als Eckpfeiler der Unternehmenskultur

Die gewählten Beispiele zeigen, daß eine konsequente Berücksichtigung der Werte und Werteveränderungen in vielfältiger Weise auf die Personalpolitik Einfluß nehmen kann. Dabei müssen keineswegs immer völlig neue Strategien erarbeitet werden. Die Werteorientierung kann vielmehr sowohl zur Überprüfung und gegebenenfalls Bestätigung, Intensivierung oder Veränderung der bestehenden Systeme, Konzepte und Maßnahmen dienen, sie kann aber auch zu einer Neugestaltung oder Ergänzung von Personalsystemen führen.

In jedem Fall führt die Werteorientierung zu einer bewußteren Gestaltung der langfristigen personalpolitischen Grundsatzentscheidungen, und zwar mit einem gesamthaften systematischen Ansatz.

Die Personalpolitik eines Unternehmens stellt einen wesentlichen Baustein der Unternehmenskultur dar. Letztere ist keine neue Erfindung, denn Unternehmenskulturen gibt es, seit es Unternehmen gibt.

Viele Unternehmen verdanken ihren Erfolg einer von innen gewachsenen und gemeinsam entwickelten Unternehmenskultur. Dabei geht es um die „Handschrift des Unternehmens", die Wirkung von Wertvorstellungen nach innen und außen, um die Kommunikation sowie letztlich um die Sinngebung der Arbeit als treibende, innere Kraft im Unternehmen.

Wie auch *Peters* und *Waterman* in ihrer Untersuchung „In search of excellence" herausgestellt haben, ist ein Unternehmen dann erfolgreich, wenn es innerhalb seiner Organisation einen Wertekonsens gibt (*Peters/Waterman*, 1982). Wertekonsens heißt: ein im Unternehmen gewachsenes Gefüge aus Werten, Normen und Verfahrensüblichkeiten, das in ein gemeinsames Führungsverhalten – die Führungskultur – mündet.

Werteorientierte Personalpolitik und Führungskultur sehen wir als Eckpfeiler einer Unternehmenskultur an, die eine langfristige Grundlage für den anhaltenden Erfolg eines Unternehmens darstellen kann. Oder anders ausgedrückt: In der Einbeziehung der gesellschaftlichen Veränderungen in eine aktive Unternehmensstrategie liegt eine wesentliche Chance zum wirtschaftlichen Erfolg.

These:
Nur die Einbeziehung des gesellschaftlichen Wandels in die Strategie der Unternehmensführung sichert die Konkurrenzfähigkeit eines Un-

ternehmens. Kein Unternehmen kann auf Dauer an den grundlegenden gesellschaftlichen Strömungen vorbei erfolgreich operieren.

Vielleicht haben wir dies viele Jahre zu wenig beachtet. Und vielleicht standen die Unternehmen deshalb in der gesellschaftlichen Diskussion so lange Zeit „mit dem Rücken an der Wand".

Unsere Überlegungen zur werteorientierten Personalpolitik sowie zur Entwicklung einer Führungs- und Unternehmenskultur zeigen, daß unser Selbstverständnis nicht darin besteht, das heute Selbstverständliche zu erhalten und zu bestätigen. Wir brauchen und wir haben den Mut zu neuen Wegen.

Bei diesen neuen Wegen müssen wir die Wertvorstellungen unserer Mitarbeiter deutlicher als bisher einbeziehen. In der Vergangenheit haben Unternehmen vielfach auf Marktveränderungen schnell und auch gezielt reagiert, auf veränderte Wertvorstellungen ihrer Mitarbeiter dagegen kaum und allzu häufig sehr verzögert. In der Vernachlässigung gesellschaftlicher Entwicklungen und deren Auswirkungen auf die Mitarbeiter liegt eine der wesentlichen Ursachen für mangelnde Leistungsbereitschaft im Unternehmen – im Gegensatz zum Freizeitbereich.

Unsere Mitarbeiter sind nicht von Natur aus „faul und gefräßig". Das sieht man bei deren Freizeitgestaltung – denkt man nur an die zunehmende Zahl von Marathonläufern! Wir müssen allerdings Personalkonzepte entwickeln, die es den Mitarbeitern erstrebenswert erscheinen lassen, sich auch im Unternehmen anzustrengen.

Wie die vorgestellten Praxisbeispiele zeigen, haben wir bei BMW und insbesondere im Werk Regensburg im Rahmen der werteorientierten Personalpolitik in den letzten 10 Jahren eine Reihe von personalpolitischen Systemen, Konzepten und Instrumenten entwickelt, um die Identifikation des Mitarbeiters mit dem Unternehmen zu erhöhen.

Nach mehr als 10 Jahren praktischer Erfahrung mit der werteorientierten Personalpolitik wird uns natürlich häufig die Frage nach meßbaren Ergebnissen gestellt. Sind unsere Mitarbeiter zufriedener geworden? Haben sich ihre Motivation und Identifikation erhöht?

Und hat sich insbesondere ihre Leistung erhöht? Leider gibt es keine objektiv meßbaren Ergebnisse, die diese Fragen beantworten. Zu umfangreich und gewichtig sind die sonstigen – von uns nicht steuerbaren – Einflußfaktoren auf das Arbeitsergebnis.

Und dennoch sind wir optimistisch und glauben, erste kleine Erfolge unserer Anstrengungen zu erkennen. So wiesen alle Kennzahlen, die

4. Werteorientierte Personalpolitik als Eckpfeiler

im weitesten Sinne ein üblicher (wenn auch unzureichender) Maßstab für Motivation und Identifikation sind, in den letzten zehn Jahren einen positiven Trend auf: zum Beispiel Fehlzeiten, Unfallhäufigkeiten, (unerwünschte) Fluktuation, Qualitätskennziffern etc. Dieser Trend gilt für BMW insgesamt und für das Werk Regensburg in besonderem Maße.

Eine Infratest-Befragung von Anfang 1990 über das Arbeitgeber-Image der einzelnen BMW-Produktionsstandorte bestätigte ebenfalls diesen Trend. Die ganz allgemein hervorragenden Beurteilungsergebnisse wurden in fast allen Fragen vom Werk Regensburg noch übertroffen (Abbildung B.4.1).

Dennoch sind wir weit entfernt von jeglicher Art von Euphorie. Wir fühlen uns auch nach 10 Jahren erst am Anfang unseres Weges. Und die wirtschaftlichen Rahmenbedingungen verschlechtern sich Mitte der neunziger Jahre zusehends und beinhalten dadurch neue Herausforderungen auch für die betriebliche Personalpolitik.

Abb. B.4.1: Beurteilung von BMW als Arbeitgeber

	Regensburg	Andere BMW Standorte:
Leistungsgerechte überdurchschnittliche Löhne und Gehälter	84 %	80 %
Gute, qualifizierte Mitarbeiter	97 %	93 %
Gute Weiterbildung der Mitarbeiter	88 %	88 %
Gutes Angebot an Ausbildungsplätzen	89 %	87 %
Soziale Verantwortung gegenüber den Mitarbeitern (z. B. Arbeitszeitmodell)	88 %	78 %
Attraktive, begehrte Arbeitsplätze	89 %	87 %
Hohe Qualität der Produkte	94 %	96 %

Beurteilungsskala: 0 - 100 %

Quelle: *Infratest*-Befragung Anfang 1990

5. Neue Herausforderungen und Ziele auf dem Weg ins Jahr 2000

Nach Jahren des konjunkturellen Aufschwungs und des damit verbundenen Wachstums sieht sich die deutsche Wirtschaft in der ersten Hälfte der neunziger Jahre mit einem dramatischen, von vielen in dieser Schärfe nicht erwarteten Konjunktureinbruch konfrontiert. Die Problematik ist sehr komplex, da sich konjunkturelle Abwärtstrends und strukturelle Probleme überlagern.

Die japanische, oder besser gesagt die südostasiatische Konkurrenz wird immer stärker, die Öffnung des Ostens verleiht der Frage nach der Qualität des „Standortes Deutschland" eine ungeheure Brisanz, und für viele Unternehmen wird die Frage nach der internationalen Wettbewerbsfähigkeit zur generellen Überlebensfrage.

Dieses Problem hat die Frage nach der Effizienz und der Effektivität unserer Personalpolitik zur Folge. Sind unsere
– Arbeitsstrukturen,
– Organisationsstrukturen,
– Arbeitszeitstrukturen,
– Führungsstrukturen,
– Motivationsinstrumente

effizient genug und insbesondere flexibel genug, um sich auf die neuen Herausforderungen einzustellen?

Oder waren unsere personalpolitischen Grundüberzeugungen und Strategien, den Menschen als wichtigste unternehmerische Ressource stärker in den Mittelpunkt zu stellen, reine Schönwetterstrategien, die bei Gegenwind und Sturm versagen?

Plötzlich taucht auch die alte Frage wieder auf, ob der Mensch der Mittelpunkt ist – oder doch nur ein Mittel. Punkt.

In einer derartigen wirtschaftlichen Umbruchphase, die von mehr Fragen als Antworten geprägt ist, nimmt natürlich auch der Wunsch nach schnellen Lösungen – am besten nach Patentrezepten – zu.

5.1 Lean production als Patentrezept?

Ein Großteil der deutschen Unternehmen arbeitet derzeit intensiv an Themen, wie lean production, lean management, neue Arbeitsstrukturen, Gruppenarbeit, Kaizen, KVP etc.

Hinter all diesen Konzepten steht **ein** Grundgedanke: die Steigerung der Effizienz. Ein – wie bereits dargelegt – ohne jeden Zweifel rich-

tiges und wichtiges Ziel. Und auch viele Wege dorthin klingen plausibel, wie die folgende kleine Auswahl an Lösungsansätzen aus dem „Lean-Vokabular" zeigt:
- Abflachung der Hierarchie,
- Delegation von Verantwortung nach unten,
- Schaffung effizienter Führungsstrukturen,
- Verstärkung des Teamgedankens bzw. der Gruppenarbeit,
- Nutzung von Verbesserungspotentialen der Mitarbeiter.

Interessant dabei ist, daß viele dieser Themen keineswegs neu sind; zum Beispiel ist die Gruppenarbeit als Arbeitsform bekanntlich bereits seit mehreren Jahrzehnten in der Diskussion. Die Befürworter derartiger neuer Arbeitsstrukturen haben es in der Vergangenheit nur leider nicht geschafft, diese Themen aus der „sozialromantischen Ecke" herauszuholen.

Erst jetzt, da diese Strukturen durch die weltweit propagierten und diskutierten japanischen Erfolge das „Gütesiegel" der Effizienz erhalten haben, gelingt der flächendeckende Durchbruch. Eine meines Erachtens ebenso erfreuliche wie verblüffende personalpolitisch-historische Entwicklung.

Denn selbstverständlich ist eine Problemlösung unter Einbeziehung der Mitarbeiter aufwendiger – wenngleich langfristig sicher erfolgreicher – als ohne deren Beteiligung.

Aktuell sehe ich aber noch eine weitere Gefahr: In vielen Unternehmen werden derzeit unter dem Titel „lean production" Strukturveränderungen und damit verbunden auch Personalabbaumaßnahmen mit Brachialgewalt betrieben. Auf der anderen Seite werden Gruppenarbeit und ständiger Verbesserungsprozeß gepredigt und das Engagement der Mitarbeiter beschworen. Beide Wege sind aber nicht miteinander vereinbar!

Reinhard K. Sprenger beschreibt das Phänomen noch krasser. Er behauptet, heute werde nur allzuoft jede Rationalisierungsmaßnahme zum lean management „umgelogen". Die Idee vom „schlanken" Unternehmen ermögliche eine „hire-and-fire-Praxis", um Leistungspotentiale zu reduzieren, und letztlich entpuppe sich das lean management als trojanisches Pferd der Kostenrechner, das heißt in Krisenzeiten würde die „wichtigste Ressource", der Mitarbeiter, wieder zum reinen Kostenfaktor zurückgestuft (*Sprenger*, 1993).

Vielleicht ist dies etwas drastisch formuliert, aber wenn man viele Unternehmensmeldungen Mitte der neunziger Jahre liest, die den Abbau von vielen Tausenden bzw. Zehntausenden von Mitarbeitern wie die Erfolgsmeldung einer unternehmerischen Leistung verkünden, dann gibt das schon zu denken.

5.2 Veränderungsmanagement als Zukunftsaufgabe

Zurück zum Ziel der Effizienzsteigerung und zur Frage, wie dieses Ziel langfristig und dauerhaft erreichbar ist.

Meines Erachtens ist die notwendige Effizienz dauerhaft nur zu erreichen, wenn wir den menschlichen Aspekt noch stärker in den Vordergrund stellen – deutlich vor die Sachprobleme. Dies setzt ein umfassendes und grundlegendes Umdenken voraus – und zwar auf allen Unternehmensebenen. Wir müssen uns **von innen heraus** neu orientieren und entsprechend entwickeln. Der Weg zum „lernenden Unternehmen" ist dabei eine unabdingbare Voraussetzung.

Wir brauchen bei allen Mitarbeitern und Führungskräften eine Reorganisation des Denkens **und** Handelns.

Diese „geistige Reorganisation" zu erreichen, setzt ein professionelles Veränderungsmanagement voraus, eine mögliche zentrale Zukunftsaufgabe für die Personalentwicklung.

Derzeit sehe ich in der betrieblichen Praxis vieler Unternehmen – trotz vielfältiger guter Ansätze – ein grundsätzliches Umsetzungsproblem: Es zeigt sich immer deutlicher, daß tatsächliche Veränderungsprozesse, das heißt Veränderungen nicht nur im „Denken und Sprechen", sondern insbesondere im „Handeln", nur enttäuschend langsam und mühselig zu erreichen sind.

Woran liegt das?

Veränderungsprozesse sind vielschichtig, das heißt sie verlaufen mehrstufig und zwar unabhängig davon, ob sie sich auf eine gewünschte Veränderung des Führungsverhaltens, des Kostenverhaltens, des Qualitätsverhaltens oder ganz allgemein des Effizienzbewußtseins/-verhaltens beziehen.

Die verschiedenen Stufen des Veränderungsprozesses kann man wie folgt beschreiben:
1. Erkennen
2. Analysieren
3. Verstehen
4. Akzeptieren
5. Lösen (gedanklich)
6. Aktiv umsetzen (praktisch).

Viele Erfahrungen der letzten Jahre legen den Schluß nahe, daß die

5.2 Veränderungsmanagement als Zukunftsaufgabe

Stufen 1 bis 5 bei intensiver Beschäftigung mit den gewünschten Veränderungszielen noch relativ leicht erreichbar sind. Zwischen der Stufe 5, der gedanklichen Lösung, und der Stufe 6, der **aktiven** praktischen Umsetzung im betrieblichen Alltag, liegen die großen Widerstände und die häufig scheinbar unüberwindbaren Barrieren.

Dies führt zu einer Situation, die man etwas überspitzt mit der Formulierung beschreiben kann: „alle warten hochmotiviert", das heißt mit anderen Worten, alle haben ein klares Ziel in Richtung einer Verhaltensänderung vor Augen, alle kennen den Lösungsansatz, alle sind auch motiviert, die Verhaltensänderung einzuleiten, aber alle „warten", das heißt kaum einer schafft es in der Realität, die Verhaltensänderung praktisch, konsequent und dauerhaft umzusetzen.

Diese unbefriedigende Situation hat viele Ursachen. Einige liegen im psychologischen Bereich, einige sind aber auch nur ganz banale menschliche Schwächen, wie zum Beispiel fehlendes Vorbild oder mangelnde Konsequenz.

Auch der Erfolg der Vergangenheit ist eine häufige Fußangel, die den angestrebten Veränderungsschritt ins Stolpern oder sogar zu Fall bringt.

Eine weitere Ursache liegt aber auch im logischen Bereich. In unserer technikorientierten Welt unterliegen wir allzuleicht einem verhängnisvollen Irrtum: Wir glauben, durch Strukturveränderungen (zum Beispiel Veränderung der Organisation oder der technischen Strukturen) Verhaltensänderungen erreichen zu können. Tatsächlich sind in einem umfassenden Veränderungsprozeß Strukturveränderungen häufig am Beginn des Prozesses notwendig.

Sie stellen aber nur die Basis für den Veränderungsprozeß dar – eine Art Hygienefaktor, der zwar als Voraussetzung notwendig ist, aber aus sich selbst heraus keine motivierenden Kräfte entwickelt.

Oder anders ausgedrückt:

Die Strukturveränderungen schaffen die „Hardware", das heißt die äußere Hülle, in der sich die Bewußtseins- und Verhaltensänderung als „Software" entwickeln muß. Für diesen eigentlichen Kern des Veränderungsprozesses ist eine eigenständige permanente Motivation aller Beteiligten notwendig.

Dies deutlich zu machen sowie den schwierigen innerbetrieblichen Veränderungsprozeß im Sinne eines aktiven Veränderungsmanagements einzuleiten und kontinuierlich beratend zu begleiten, sind die herausforderndsten Aufgaben für die Personalarbeit der Zukunft.

5.3 Renaissance der Führung

Damit komme ich zum Thema Führung. Es macht am deutlichsten, wo unser Umsetzungsproblem begründet liegt und welche Beiträge ein zukunftsorientiertes Personalwesen zur praktischen Umsetzung beisteuern kann.

Ein Faktum ist, daß dieses Thema schon so lange diskutiert wird, daß es für viele kein Thema mehr ist. Wir beschäftigen uns bereits so lange mit der Frage nach dem richtigen Führungsverhalten, daß die Gefahr besteht, daß der Begriff „Führung" zur reinen Worthülse degeneriert. Gerade deshalb behaupte ich: Wir benötigen eine Renaissance der Führung – vom Schlagwort zum zentralen Erfolgsfaktor.

Eine Veränderung des Führungsverhaltens ist im Sinne der oben beschriebenen mehrstufigen Veränderungsprozesse wohl die größte Herausforderung überhaupt. Sie kann nur erfolgreich sein, wenn sie „gelebt" wird, und zwar so, daß die Veränderung für die Mitarbeiter spürbar ist. Deshalb werden Visionen, Begeisterungsfähigkeit **und** Vorbild immer wichtiger!

Denn nur wenn Wort und Tat übereinstimmen, ist erfolgreiche Führung möglich.

Erfolgreiche Führung hängt aber noch von einer Reihe weiterer Faktoren ab:
- Das Denken und Handeln unserer Führungskräfte muß auch durch Zivilcourage und kreatives Denken – Denken gegen Regeln – gekennzeichnet sein. Wir müssen zukünftig „Querdenken" nicht nur akzeptieren, sondern aktiv fördern.
- Leider ist unsere Erziehung immer noch zu sehr auf Anpassung ausgerichtet; dadurch wird die Außensteuerung erleichtert. Die gesunde Forelle aber schwimmt gegen den Strom!
- Wünschenswert ist, daß Führungskräfte Prinzipien, wie „der Zweck heiligt die Mittel" und „Erfolg um jeden Preis" ablehnen und zeigen, daß mit Engagement, Leistung und persönlicher Integrität Erfolg ebenso – wenn nicht sogar leichter – zu erzielen ist. Auch das ist keine Sozialromantik, sondern primär ein rationales Ziel.
Denn ein an positiven Grundprinzipien ausgerichtetes Handeln ist keineswegs nur nach ethischen Maßstäben zu begrüßen, sondern wird in aller Regel auch durch die Verringerung der „menschlichen und sachlichen Reibungsverluste" effektiver sein.
- Erfolgreiche Führungskräfte müssen ein hohes Maß an Kontakt-

und Kommunikationsfähigkeit aufweisen. Dazu gehört aber nicht nur das Reden mit den Mitarbeitern, sondern auch das „Zuhören können". Eine Eigenschaft, die in unserer hektischen Zeit offensichtlich verlorenzugehen scheint.

- Führungskräfte brauchen „Selbstbewußtsein" im doppelten Sinn, das heißt Führungskräfte sollten sich auch selbst in Frage stellen können – oder sich zumindest selbstkritisch hinterfragen. Gerade deshalb haben wir bei BMW bereits vor vielen Jahren das System der Aufwärtsbeurteilung eingeführt (siehe Kapitel B.3.3.4).
- Führung, wie ich sie verstehe, ist vom Grundansatz her demokratisch orientiert. Sie vermittelt nicht autoritär Befehle. Sie überzeugt den Mitarbeiter, seine Aufgaben engagiert zu lösen. Führung ist aber auch nicht durch Gremien zu ersetzen, sozusagen als kollektives Führen, sondern ist individuelle Aufgabe jeder einzelnen Führungskraft.
- Jede Führungskraft muß ihren Mitarbeitern innerhalb klarer Aufgabenstellungen persönliche Freiräume verschaffen und sie dabei unterstützen, diese optimal auszufüllen.

Aber das Wichtigste ist vielleicht:
- Wer (sein) Führungsverhalten wirksam verändern will, muß hier und jetzt selbst beginnen und nicht immer auf die Zukunft bzw. auf andere Vorbilder warten. Es klingt so banal, – und doch ist dies vielleicht der größte Hemmschuh.
- Vor uns liegt ein weiter Weg. Und was noch schwerer wiegt, jeder Meter dieses Weges muß erarbeitet werden – nicht per Vorstandsbeschluß von oben, sondern durch Überzeugungsarbeit auf allen Ebenen.

5.4 Werteorientierte Personalpolitik und Effizienzsteigerung

Die über 10 Jahre hinweg gesammelten praktischen Erfahrungen mit der werteorientierten Personalpolitik zeigen, daß es sich keinesfalls um eine „Schönwetterpolitik" handelt. Im Gegenteil, gerade in schlechten Zeiten ist es wichtig, motivierte und nicht durch Angst frustrierte Mitarbeiter zu haben. Das schafft Vertrauen.

Reinhard K. Sprenger formuliert dies so: „Unternehmen, die ihre Kulturbekenntnisse auch in der Krise durchhalten, werden vom Vertrauen ihrer Mitarbeiter gestärkt hervorgehen. Krise? Nein, Chance" (*Sprenger*, 1993, S. 145).

Gerade in Krisenzeiten konsequent angewandt, zeigt die Grundformel der werteorientierten Personalpolitik ihre Stärke: über die Werteorientierung zu mehr Motivation und damit zu mehr und besserer Leistung. Daß dies das beste Effizienzsteigerungsprogramm darstellt, ist wohl unbestritten.

Aber auch erfolgreiche personalpolitische Systeme und Konzepte verlieren ihre Wirkung, wenn sie nicht ständig überprüft und gegebenenfalls aktualisiert werden. Deshalb verstehen wir die werteorientierte Personalpolitik auch nicht als statisches, sondern als dynamisches Konzept, dessen Wirksamkeit von der dauernden Weiterentwicklung lebt.

In diesem Sinne haben wir unsere personalpolitische Gesamtstrategie zuletzt Anfang der neunziger Jahre mit Hilfe der Szenario-Technik überprüft. Dabei wurden neben dem Schwerpunkt des gesellschaftlichen Wandels folgende weitere personalpolitisch relevante Umfelder einbezogen:

– Technikentwicklung,
– demographische Entwicklung,
– Struktur der Bildung,
– Arbeitszeitentwicklung.

Die Ergebnisse des BMW-Szenarios sind in sechs zentralen Thesen zusammengefaßt (Abbildung B.5.1), die die Grundaussagen der werteorientierten Personalpolitik weitgehend bestätigen bzw. sogar, auf einzelne Themen bezogen, noch verstärken.

Darüber hinaus stellen die Szenario-Ergebnisse die Basis für eine Weiterentwicklung der werteorientierten Personalpolitik dar. Dies wird besonders deutlich an der Szenario-These 6 zum Thema „Ökologie und Arbeitgeberimage". Das Thema „Ökologie" war ja in den ursprünglich betrachteten 16 Werten nicht enthalten und kann angesichts der gewachsenen gesellschaftspolitischen Bedeutung dieses Wertes durchaus als 17. Wert ergänzt werden.

Die These 6, die im Rahmen des Szenarios formuliert wurde und eine Vorreiterrolle auf dem Gebiet der Ökologie fordert, bringt zum Ausdruck, daß die Attraktivität eines Unternehmens als Arbeitgeber immer mehr auch von der Vorreiterrolle auf dem Gebiet ökologieorientierter Innovationen innerhalb der Automobilindustrie abhängt.

Dabei wird davon ausgegangen, daß die zunehmende Sensibilisierung für Ökologie und Umwelt in der Öffentlichkeit Bewerber immer stärker dazu veranlassen wird, potentielle Arbeitgeber danach zu beurteilen, wie deren Image ist beziehungsweise wie diese ihre Verantwortung auf den angesprochenen Gebieten konkret wahrnehmen.

5.4 Werteorientierte Personalpolitik und Effizienzsteigerung

Abb. B.5.1: Zentrale Thesen aus dem BMW-Szenario

These 1: Der qualifizierte Mitarbeiter wird zum selbstbewußten Unternehmer seiner eigenen Arbeitskraft.

These 2: Der eigentliche Schlüssel für Effizienz und Produktivität liegt in der Unternehmens- und Führungskultur.

These 3: Qualifizierung wird zum erfolgsrelevanten Faktor für das Unternehmen und den einzelnen Mitarbeiter.

These 4: Die Zeit revolutionärer technologischer Veränderungen in der Produktion ist vorbei, die Zukunft ist von evolutionärer Weiterentwicklung der Arbeits- und Organisationsstruktur geprägt.

These 5: Der ältere Mitarbeiter wird zu einer zentralen Herausforderung für die Personalarbeit.

These 6: Die Attraktivität von BMW als Arbeitgeber hängt immer mehr auch von einer Vorreiterrolle auf dem Gebiet ökologieorientierter Innovationen innerhalb der Automobilindustrie ab.

Begründet wurde diese These im Szenario unter anderem durch folgende Aussagen:

- Die Zunahme von Umweltkatastrophen (zum Beispiel Waldsterben, Artensterben) sowie häufigere Berichterstattung über umweltbelastende Unfälle (zum Beispiel Reaktor-, Chemieunfälle, Ölpest) und persönliche Erfahrungen im Alltag lassen die Betroffenheit und die Sensibilität für dieses Thema generell stark ansteigen.
- Gleichzeitig werden ökologische Gesichtspunkte vom Menschen immer kritischer hinterfragt, sowohl bezogen auf die Umweltverträglichkeit der im Unternehmen eingesetzten Techniken als auch auf die vom Unternehmen produzierten Produkte.
- Überdies nimmt die Gesetzgebung verstärkt Einfluß auf die Produktionsbedingungen, was die Bedeutung dieses Themas weiter unterstreicht.

Vor diesem Hintergrund muß BMW, um als Arbeitgeber attraktiv zu bleiben, verstärkt Themen aus dem Bereich Ökologie und Umweltschutz berücksichtigen, umsetzen und kommunizieren. Als konkrete Maßnahme sollen die Arbeitnehmer verstärkt für dieses Thema sensibilisiert werden.

Darüber hinaus sollen bei der Planung und Weiterentwicklung von Fertigungsstätten sowohl im Mikrobereich (Arbeitsplatz) als auch im

Makrobereich (Werk) Umweltgesichtspunkte noch stärker beachtet werden (*Scholz*, 1993, S. 126).

Aber auch ein Vergleich zwischen werteorientierter Personalpolitik und der Lean-Philosophie bietet interessante Orientierungsmöglichkeiten. In vielen Einzelbestandteilen führen beide Konzepte zu vergleichbaren Lösungsansätzen, wenngleich der Blickwinkel unterschiedlich ist, da bei der werteorientierten Personalpolitik der Mitarbeiter als Triebfeder zur Effizienzsteigerung stärker und konsequenter einbezogen wird. In einigen Elementen bestätigen sich beide Konzepte gegenseitig, zum Beispiel sind viele Ansätze im Rahmen der neuen Arbeitsstrukturen, der Gruppenarbeit, der Entgeltpolitik oder der Bildungspolitik weitgehend deckungsgleich.

Letztlich sollte aber auch nicht verschwiegen werden, daß manche Konzeptbausteine nur gleich aussehen, jedoch nicht gleich sind. Als Beispiel sei die Thematik Arbeitszeitflexibilisierung mit der Einführung der 4-Tage-Woche gewählt.

Während die Anfang 1994 von einem großen deutschen Automobilunternehmen eingeführte 4-Tage-Woche das Unternehmen wegen sinkender absoluter Personalkosten zwar „schlanker", aber wegen der steigenden Personalstückkosten nicht leistungsfähiger machte, stand bei der im Rahmen der werteorientierten Personalpolitik bereits vor vielen Jahren in unserem Hause eingeführten 4-Tage-Woche neben der Freizeitorientierung für den Mitarbeiter die Leistungs- und Effizienzsteigerung für das Unternehmen im Vordergrund (vgl. Kapitel B.3.5).

Erzielte Erfolge dürfen aber nicht zur Selbstzufriedenheit führen. Wir sehen sie eher als Ansporn, uns bei der weiteren Umsetzung unserer Personalpolitik noch stärker auf die Themen zu konzentrieren, die für Mitarbeiter **und** Unternehmen gleichermaßen erfolgversprechend sein können. Das Thema Arbeitszeitflexibilisierung steht dabei nur als eines unter vielen.

Auch nach mehr als 10 Jahren werteorientierter Personalpolitik fühlen wir uns noch weit entfernt vom Ziel unseres Weges. Neue Rahmenbedingungen bringen neue Herausforderungen für die BMW-Personalpolitik mit sich. Und was das Faszinierendste ist:

Die neuen Wege lassen sich nicht per Knopfdruck einführen; sie erfordern permanente Überzeugungsarbeit sowie Begeisterungsfähigkeit und Vorbild.

C. Anhang

Anlage 1: Leitfaden für das AT-Mitarbeitergespräch

Situation
Die Leistung eines Mitarbeiters wird auch durch die Situation beeinflußt. Machen Sie sich deshalb bitte zur Vorbereitung des Mitarbeitergesprächs Gedanken darüber, unter welchen situativen Gegebenheiten der Mitarbeiter im Beurteilungszeitraum gearbeitet hat. Welche leistungsfördernden/-hemmenden Einflüsse und Bedingungen waren für die Leistungserbringung von Bedeutung (z. B. Verweildauer in der Funktion, Einarbeitung neuer Mitarbeiter, neuer Vorgesetzter, organisatorische Veränderungen, Zielsetzungen im Verhältnis zur Mitarbeiteranzahl, arbeitsbeeinflussende Technologie, Sonderaufgaben, Projektaufgaben)?

Kriterien
Die Beurteilung und damit auch das Mitarbeitergespräch sollen auf der Basis der drei Dimensionen „Persönlichkeitsbild", „Führungskompetenz" sowie „Fachkompetenz" erfolgen. In Abhängigkeit von der hierarchischen Einordnung des Mitarbeiters und den Charakteristiken der konkreten Funktion sind ggf. weitere Kriterien relevant und von Ihnen zur Beurteilung heranzuziehen.

Überlegen Sie sich bitte, an welchen Beobachtungen und Zielerreichungsergebnissen Sie sich bei Ihrer Beurteilung orientieren und wie Sie diese dem Mitarbeiter gegenüber begründen.

Gesamtbetrachtung
Im Mitarbeitergespräch sollte der Mitarbeiter auch eine gesamthafte Orientierungshilfe zu seiner Standortbestimmung erfahren. Denken Sie bei dieser Gesamtbetrachtung bitte auch an die Akzeptanz, die der Mitarbeiter bei internen und ggf. externen Stellen besitzt.

Vereinbarungen/Maßnahmenplanung
Der „Nutzen", den der Mitarbeiter aus einem Gespräch mit Ihnen zieht, ist im wesentlichen davon abhängig, inwieweit es gelingt, gemeinsam Anregungen und Vereinbarungen zum „Ausbau" von Stärken und „Abbau" von Schwächen zu erarbeiten. Machen Sie sich deshalb bitte eingehende Gedanken darüber, welche Maßnahmen und Hilfestellungen geeignet wären, um den Mitarbeiter persönlich und fachlich weiterzuentwickeln.

Anlage 2: Kriterien für das AT-Mitarbeitergespräch

Persönlichkeitsbild
z. B. Initiative und Leistungsbereitschaft
— erkannte in seinem Aufgabengebiet den Handlungsbedarf selbständig und wurde „von sich aus" im Rahmen des Möglichen tätig;
— nutzte Handlungsspielräume umfassend und sinnvoll.
z. B. Toleranz und Kritikfähigkeit
— bewies konstruktiv kritische Haltung zu eigenem und fremdem Verhalten; erkannte die Kompetenz anderer an.
z. B. Belastbarkeit und Stabilität
— arbeitete engagiert und zielbewußt unter Aufrechterhaltung des Leistungsniveaus an der Lösung der übernommenen Aufgaben auch unter erschwerten Bedingungen (z. B. Zeitdruck, erhöhter Arbeitsanfall) oder zeitweiligen Mißerfolgen weiter.

Führungskompetenz
z. B. Mitarbeitereinsatz und -förderung
— setzte Mitarbeiter entsprechend ihren Fähigkeiten ein, motivierte und förderte sie durch Übertragung von Kompetenzen und Verantwortung, erkannte und nutzte das Potential seiner Mitarbeiter;
— forderte seine Mitarbeiter in hohem Maße (sowohl bezüglich ihrer Leistung als auch ihres Sozialverhaltens), legte an sich selber aber den gleichen Maßstab an;
— war auch bereit, Mitarbeiter mit Potential zur Weiterförderung an andere Bereiche abzugeben;
— gab in ausreichendem Maße die zur Aufgabenerfüllung notwendigen Informationen weiter;
— stellte sicher, daß auch im Falle seiner Abwesenheit ein reibungsloser Arbeitsablauf gewährleistet war (Stellvertreter);
z. B. Kooperationsfähigkeit
— war bereit und fähig, durch Fairneß und gegenseitige Unterstützung zu einer Verbesserung des Gesamtergebnisses in Gruppe, Abteilung, Projekt beizutragen;
z. B. Durchsetzungsfähigkeit und Überzeugungskraft
— setzte sich gegenüber Kollegen und Mitarbeitern aufgrund von persönlicher Autorität und Verhandlungsgeschick durch;
— konnte andere aufgrund schlüssiger Argumentation, Sachlichkeit und fachlicher Kompetenz von den eigenen Vorstellungen, Konzeptionen und Entscheidungen überzeugen.

Fachkompetenz
z. B. Denken in Zusammenhängen
— behielt über das persönliche Aufgabengebiet hinausgehende Zusammenhänge im Auge und berücksichtigte bei der Erreichung der vereinbarten Ziele sowohl situationsspezifische Einflüsse als auch mittel- bis langfristige Konsequenzen seiner Entscheidungen; hat dies z. B. im Rahmen von Projekten unter Beweis gestellt; besaß Gespür für Entwicklungen im außerbetrieblichen Umfeld und erkannte die Relevanz für BMW.
z. B. Problemlösungsfähigkeit
— erkannte Probleme frühzeitig, analysierte sie auf ihre Ursachen und Auswirkungen hin;
— organisierte Lösungen ziel-, arbeitsablauf- und kundenorientiert; setzte Prioritäten zweckmäßig und nutzte vorhandene Ressourcen bestmöglich;
— Entscheidungen wurden eigenverantwortlich zum angemessenen Zeitpunkt mit dem richtigen Maß an Risikobereitschaft und unter Berücksichtigung der erforderlichen Wirtschaftlichkeit getroffen.

z. B. fachliche Qualifikation
- verfügte über ein breites Fachwissen bzw. über detaillierte Spezialkenntnisse, setzte diese bei der Aufgabenlösung zielorientiert ein;
- war fähig, neu erworbene Erfahrungen einem Gesamtzusammenhang zuzuordnen;
- hat seine fachliche Qualifikation in Eigeninitiative den Anforderungen angepaßt.

Anlage 3: Startschreiben zur Aufwärtsbeurteilung

Von: (Vorgesetzter)
An: (Mitarbeiter)

Betr.: Aufwärtsbeurteilung

Der bei BMW angestrebte kooperative Führungsstil ist nur auf der Basis einer aufgeschlossenen und vertrauensvollen Zusammenarbeit zwischen Vorgesetzten und Mitarbeitern denkbar. Dabei sollen sowohl die persönliche Zufriedenheit jedes einzelnen an seinem Arbeitsplatz als auch ein angemessenes Leistungsergebnis erreicht werden.

Um diesem Ziel einen Schritt näher zu kommen, ist das Instrument der Aufwärtsbeurteilung entwickelt worden. Es gibt Ihnen die Möglichkeit, mir eine Rückmeldung darüber zu geben, wie mein Verhalten auf Sie als meinen Mitarbeiter wirkt. Die Art der Fragen soll dazu beitragen, mir die Auswirkungen meines Führungsverhaltens bewußt zu machen. Ich werde bemüht sein, aus den Ergebnissen für mich persönlich die entsprechenden Schlußfolgerungen zu ziehen. Die übergeordnete Zielsetzung der Aufwärtsbeurteilung ist, die Zusammenarbeit zwischen Ihnen und mir zu fördern.

Mit dem beiliegenden Fragebogen haben Sie die Möglichkeit, Ihren Eindruck von der Art der Zusammenarbeit mit mir darzustellen. Bitte zeigen Sie mir, wie Sie mein Führungsverhalten sehen, damit gegebenenfalls etwas verändert oder verbessert werden kann.

Bitte geben Sie nur Ihrer persönlichen Meinung Ausdruck. Fühlen Sie sich frei, kritisch zu sein; mir wird nicht bekannt, wer welche Antwort gegeben hat. Die absolute Vertraulichkeit ist durch das System gegeben und wird vom Datenschutzbeauftragten (PS) ausdrücklich gewährleistet. Eine direkte Zuordnung zwischen Ihnen und dem von Ihnen ausgefüllten Ablochbeleg ist dadurch ausgeschlossen, daß die aufgeführte Code-Nummer auf Ihrem Ablochbeleg genau dieselbe wie auf den Ablochbelegen Ihrer ebenfalls beurteilenden Kollegen ist.

Ihre Teilnahme an dieser Aktion ist selbstverständlich freiwillig, es wird niemandem bekannt, wer sich beteiligt und wer nicht. Wenn Sie bereit sind, den Fragebogen zu beantworten, beachten Sie bitte folgendes:

(1) Beantworten Sie jede Frage.

(2) Im Fragebogen finden Sie verschiedene Verhaltensbeschreibungen. Hinter jeder Beschreibung finden Sie eine Bewertungsskala, die sich in 8 Abstufungen auf die Häufigkeit bzw. Stärke dieses Verhaltens bezieht. Die Bewertung reicht von A (= stark negativ) bis zu H (= stark positiv). Zu Ihrer Orientierung sind die Bewertungsstufen in 3 Gruppen eingeteilt, in denen Sie jeweils die Tendenz des Verhaltens entsprechend der verbalen Abstufung kennzeichnen können.

Ein Beispiel zur Erläuterung:

Frage 12
Versteht es, mich durch Anerkennung bzw. geschickte Kritik anzuspornen.

A	B	C	D	E	F	G	H
fast nie			manchmal		fast immer		

Übertragen Sie den Antwortbuchstaben „B" auf den Ablochbeleg, wenn Sie meinen, daß mir dies „sehr selten" gelingt. Übertragen Sie den Antwortbuchstaben „F" auf den Ablochbeleg, wenn Sie meinen, daß mir dies „recht häufig" gelingt.

(3) Für den Fall, daß Sie eine bestimmte Frage aufgrund der Art Ihres Einsatzes nicht beantworten können, lassen Sie die entsprechende Zeile auf dem Ablochbeleg bitte frei. Bitte machen Sie davon aber wirklich nur in Ausnahmefällen Gebrauch.

(4) Denken Sie bitte daran, daß Ihre Beurteilung auf Beobachtungen beruht, die Sie während des ganzen Zeitraumes der Zusammenarbeit mit mir gemacht haben, nicht auf einmaligen Feststellungen oder Situationen. Je mehr Einzelbeobachtungen in eine Beurteilung eingehen, desto größer wird die Zuverlässigkeit des Gesamteindrucks sein.

(5) Nach Beantwortung aller Fragen schicken Sie den ausgefüllten Ablochbeleg (nicht den Fragebogen!) bitte in einem verschlossenen Umschlag ohne Nennung des Absenders an PS. Dort erfolgt die vertrauliche Auswertung aller eingegangenen Belege.

(6) Bitte füllen Sie den Ablochbeleg innerhalb von 10 Tagen aus, damit sichergestellt ist, daß er bei der Auswertung der übrigen Beurteilungen berücksichtigt werden kann.

Vielen Dank für Ihre Bereitschaft, an der Verbesserung der Zusammenarbeit mitzuwirken.

Anlage 4: Fragebogen zur Aufwärtsbeurteilung

Bitte tragen Sie Ihre Beurteilung nicht in den Fragebogen, sondern in den beigefügten Ablochbeleg ein!

I. Zielvereinbarung

1. Ich werde ausreichend darüber informiert, welche übergeordneten Zielsetzungen bestehen und welchen Beitrag ich zur Zielerreichung leisten kann.

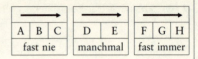

2. Meine persönlichen Ziele werden im Gespräch gemeinsam mit mir definiert und vereinbart.

II. Förderung der Zielerreichung

3. Mein Vorgesetzter setzt sich im Rahmen der Möglichkeiten für meine Belange als Mitarbeiter ein (z. B. Ausstattung an Sachmitteln).

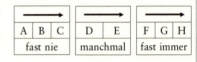

4. Ist über den Stand meiner Arbeit informiert.

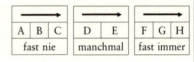

5. Erscheint dabei als „Wachhund".

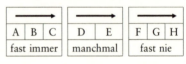

6. Versteht es, mich durch zielgerichtete Fragen und Anregungen bei der Erledigung meiner Aufgaben zu unterstützen.

III. Übertragung von Aufgaben, Befugnissen und Verantwortung

7. Überträgt dort, wo es möglich ist, ganze Aufgabenkomplexe und nicht nur Einzelaufgaben.

8. Schafft durch eindeutige Vertretungs-, Entscheidungs- und Anweisungsbefugnisse für mich die Voraussetzungen, daß ich meine Aufgaben eigenverantwortlich erfüllen kann.

Anlage 4: Aufwärtsbeurteilung – Fragebogen

9. Meine Arbeitsgebiete und Aufgaben ändert er nur dann, wenn er dies vorher mit mir besprochen hat.

A	B	C	D	E	F	G	H
fast nie			manchmal		fast immer		

IV. Einsatz und Motivation

10. Setzt mich entsprechend meinen Kenntnissen und Fähigkeiten ein.

A	B	C	D	E	F	G	H
fast nie			manchmal		fast immer		

11. Gibt mir Gelegenheit zur Abgabe meines eigenen Urteils und ermöglicht mir, an Entscheidungen mitzuwirken.

A	B	C	D	E	F	G	H
fast nie			manchmal		fast immer		

12. Versteht es, mich durch Anerkennung bzw. geschickte Kritik anzuspornen.

A	B	C	D	E	F	G	H
fast nie			manchmal		fast immer		

13. Spricht Fehlverhalten und Mängel sachlich und taktvoll an.

A	B	C	D	E	F	G	H
fast nie			manchmal		fast immer		

14. Hilft mir bei der Korrektur.

A	B	C	D	E	F	G	H
fast nie			manchmal		fast immer		

15. Fördert meine Kreativität dadurch, daß er sich mit meinen Innovationsvorschlägen sachlich auseinandersetzt und sich dort, wo es möglich ist, für ihre Durchsetzung einsetzt.

A	B	C	D	E	F	G	H
fast nie			manchmal		fast immer		

16. „Verkauft" die Vorschläge anderer als seine eigenen.

A	B	C	D	E	F	G	H
fast immer			manchmal		fast nie		

V. Information und Kommunikation

17. Versorgt mich mit den für die Erledigung meiner Arbeit notwendigen Informationen. (Berücksichtigen Sie dabei z. B. die Rechtzeitigkeit, Regelmäßigkeit und Vollständigkeit der Informationen.)

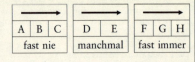

18. Ermöglicht mir die selbständige Beschaffung notwendiger Informationen.

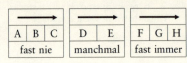

19. Um den Informationsaustausch zu fördern, führen mein Vorgesetzter und ich regelmäßige Besprechungen.

VI. Zusammenarbeit

20. Verhält sich in der Zusammenarbeit mit mir kooperativ.

21. Verhält sich in der Zusammenarbeit mit mir dominierend.

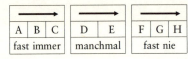

22. Stellt sich nach einer von ihm akzeptierten gemeinsamen Entscheidung voll hinter diese Entscheidung, auch wenn diese nicht genau seiner eigenen Beurteilung entspricht.

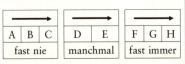

23. In der Art der Zusammenarbeit mit mir spiegelt sich ein Gespür für zwischenmenschliche Beziehungen und die Bereitschaft, auf diese auch einzugehen, wider.

Anlage 4: Aufwärtsbeurteilung – Fragebogen 151

VII. Mitarbeiterförderung

24. Regt mich dazu an, meine persönlichen Qualifikationen zu erweitern.

25. Sorgt dafür, daß ich an gezielten Weiterbildungsmaßnahmen teilnehmen kann.

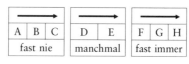

26. Ermöglicht die praktische Umsetzung des neu erworbenen Wissens.

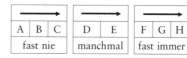

27. Informiert mich rechtzeitig über zukünftige neue Anforderungen und gibt mir Anregungen, wie ich mich darauf vorbereiten könnte.

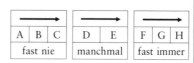

28. Fördert im Rahmen meiner persönlichen Qualifikation und den betrieblichen Gegebenheiten meine berufliche Entwicklung.

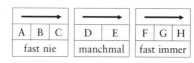

VIII. Führungsverhalten allgemein

29. Wenn mein Vorgesetzter Ärger hat, hat dies negative Auswirkungen auf unsere Zusammenarbeit.

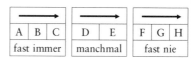

30. Ist in der Lage, Kritik zu akzeptieren.

31. Trägt durch sein Verhalten zu einem leistungsfördernden Betriebsklima bei.

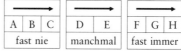

32. Sein Führungsverhalten ist insgesamt als vorbildlich anzusehen.

Anlage 5: Startschreiben zur Aufwärtsbeurteilung für Meister

Von: (Vorgesetzter)
An: (Mitarbeiter)

Thema: Aufwärtsbeurteilung Meister

Der bei BMW angestrebte Führungsstil ist nur auf der Basis einer aufgeschlossenen und vertrauensvollen Zusammenarbeit zwischen dem Meister und seinen Mitarbeitern denkbar. Dazu gehört ein Betriebsklima, das auch Kritik zuläßt. Die vorliegende Aufwärtsbeurteilung gibt Ihnen die Möglichkeit, mir deutlich zu machen, wie Sie mein Verhalten als Ihr Meister einschätzen.

Das Verfahren der Aufwärtsbeurteilung garantiert eine strenge Geheimhaltung der persönlichen Daten. Dies ist durch die Einschaltung des Datenschutzbeauftragten gewährleistet. Es wird mir nicht bekannt, wer von meinen Mitarbeitern welche Antworten gegeben hat. Für mich ist lediglich die Gesamtauswertung aller Beurteilungen bestimmt.

Sie sollten sich deshalb frei fühlen bei der Abgabe Ihrer persönlichen Meinung. Ihre Teilnahme an dieser Aktion ist selbstverständlich freiwillig. Niemandem im Unternehmen wird bekannt, ob Sie sich beteiligen oder nicht.

Wenn Sie bereit sind, den Fragebogen zu beantworten, beachten Sie bitte folgendes:

(1) Beantworten Sie jede Frage.

(2) Im Fragebogen finden Sie verschiedene Verhaltensbeschreibungen. Hinter jeder Beschreibung finden Sie eine achtstufige Bewertungsskala. Die Bewertung reicht von A (= sehr schlecht) bis zu H (= sehr gut).

Ein Beispiel zur Erläuterung:
Frage 12
Er versteht es, mich durch Anerkennung bzw. geschickte Kritik anzuspornen.

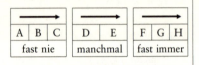

Übertragen Sie den Antwortbuchstaben „A" auf den Ablochbeleg, wenn Sie meinen, daß mir dies „fast nie" gelingt.
Übertragen Sie den Antwortbuchstaben „H" auf den Ablochbeleg, wenn Sie meinen, daß mir dies „fast immer" gelingt.
Für die Zwischenstufen haben Sie alle anderen Möglichkeiten, d. h. „B" bis „G".

(3) Für den Fall, daß Sie eine bestimmte Frage aufgrund der Art Ihres persönlichen Arbeitseinsatzes nicht beantworten können, lassen Sie die entsprechende Zeile auf dem Ablochbeleg frei. Bitte machen Sie davon aber wirklich nur in Ausnahmefällen Gebrauch.

(4) Denken Sie daran, daß Ihre Beurteilung auf Beobachtungen beruht, die Sie während des ganzen Zeitraumes der Zusammenarbeit mit mir gemacht haben. Berücksichtigen Sie deshalb bitte nicht nur die letzten Tage oder Wochen.

(5) Nach Beantwortung aller Fragen schicken Sie den ausgefüllten Ablochbeleg (nicht den Fragebogen!) in einem verschlossenen Umschlag ohne Nennung des Absenders an PS (= Datenschutzbeauftragter).

(6) Bitte füllen Sie den Ablochbeleg innerhalb von 10 Tagen aus, damit sichergestellt ist, daß er bei der Auswertung der übrigen Beurteilungen berücksichtigt werden kann.

Vielen Dank für Ihre Bereitschaft, an der Verbesserung der Zusammenarbeit mitzuwirken.

Anlage 6: Fragebogen zur Aufwärtsbeurteilung für Meister

Bitte tragen Sie Ihre Beurteilung nicht in den Fragebogen, sondern in den beigefügten Ablochbeleg ein!

I. Zielvereinbarung

1. Ich werde vom Meister über die Ziele unserer Meisterei ausreichend informiert.

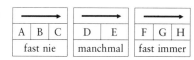

2. Er bespricht mir mir, was dies für meine Arbeit bedeutet.

II. Förderung der Zielerreichung (= Unterstützung durch den Meister)

3. Für meine pers. Bedürfnisse hat er ein offenes Ohr, auch wenn er nicht jeden Wunsch erfüllen kann.

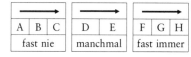

4. Er ist über Qualität und Ergebnis meiner Arbeit informiert.

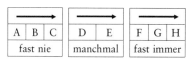

5. Er bemerkt Sauberkeit und Ordnung.

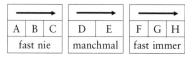

6. Er unterstützt mich durch Tips und Anregungen.

III. Übertragung von Aufgaben, Befugnissen und Verantwortung

7. Mein Meister gibt mir genaue und eindeutige Anweisungen, die zur Erledigung meiner Arbeit notwendig sind.

8. Ich weiß genau, was ich selbst entscheiden und verantworten kann und wann ich meinen Vorgesetzten informieren muß.

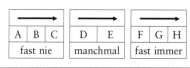

9. Neue Arbeitsgebiete und Aufgaben weist er mir nur dann zu, wenn er dies vorher mit mir besprochen hat.

IV. Einsatz und Motivation

10. Mein Meister setzt mich entsprechend meinen Kenntnissen und Fähigkeiten ein.

11. Er gibt mir Gelegenheit zur Abgabe meines eigenen Urteils und ermöglicht mir, an Entscheidungen mitzuwirken.

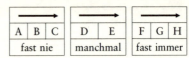

12. Er versteht es, mich durch Anerkennung bzw. geschickte Kritik anzuspornen.

13. Er spricht umgehend Fehlverhalten und Mängel sachlich und taktvoll an.

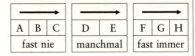

14. Er vertraut mir und gibt mir die Gelegenheit, begangene Fehler nicht zu wiederholen.

15. Er fördert meine Ideen und Verbesserungsvorschläge.

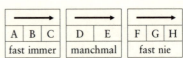

16. Er gibt die Vorschläge anderer als seine eigenen aus.

V. Information und Gesprächsbereitschaft

17. Mein Meister informiert mich ausreichend über alles Wichtige im Betrieb.

Anlage 6: Aufwärtsbeurteilung Meister – Fragebogen 155

18. Er regt zum Gedanken- und Erfahrungsaustausch in der Meisterei an.

A	B	C	D	E	F	G	H
fast nie			manchmal		fast immer		

19. Er redet mit mir regelmäßig.

A	B	C	D	E	F	G	H
fast nie			manchmal		fast immer		

VI. Zusammenarbeit

20. Mein Meister arbeitet mit mir gut zusammen.

A	B	C	D	E	F	G	H
fast nie			manchmal		fast immer		

21. Er setzt nur seine Interessen durch.

A	B	C	D	E	F	G	H
fast immer			manchmal		fast nie		

22. Er steht hinter einer gemeinsamen Entscheidung.

A	B	C	D	E	F	G	H
fast nie			manchmal		fast immer		

23. In der Zusammenarbeit geht er auch auf meine persönlichen Probleme ein.

A	B	C	D	E	F	G	H
fast nie			manchmal		fast immer		

VII. Mitarbeiterförderung

24. Mein Meister regt mich dazu an, meine persönlichen Qualifikationen zu erweitern.

A	B	C	D	E	F	G	H
fast nie			manchmal		fast immer		

25. Wenn ich an Weiterbildungsmaßnahmen teilnehmen will, hilft er mir dabei.

A	B	C	D	E	F	G	H
fast nie			manchmal		fast immer		

26. Er versucht, die praktische Umsetzung des neu erworbenen Wissens zu ermöglichen.

A	B	C	D	E	F	G	H
fast nie			manchmal		fast immer		

27. Er informiert mich rechtzeitig über zukünftige neue Anforderungen und gibt mir Anregungen, wie ich mich darauf vorbereiten könnte.

A	B	C	D	E	F	G	H
fast nie			manchmal		fast immer		

28. Er ist mir soweit als möglich bei meiner beruflichen Entwicklung behilflich.

A	B	C	D	E	F	G	H
fast nie			manchmal		fast immer		

VIII. Führungsverhalten allgemein

29. Wenn mein Meister Ärger hat, bekomme ich dies zu spüren.

A	B	C	D	E	F	G	H
fast immer			manchmal		fast nie		

30. Er ist in der Lage, Kritik zu akzeptieren.

A	B	C	D	E	F	G	H
fast nie			manchmal		fast immer		

31. Sein Verhalten fördert das Betriebsklima und die Leistung.

A	B	C	D	E	F	G	H
fast nie			manchmal		fast immer		

32. Ich erkenne ihn als Meister an.

A	B	C	D	E	F	G	H
fast nie			manchmal		fast immer		

Literatur

Argyris, C., 1957: Personality and organization: The conflict between system and the individual, New York

Bell, D., 1976: Die Zukunft der westlichen Welt. Kultur und Technologie in Widerstreit, Frankfurt/Main

Bihl, G., 1973: Von der Mitbestimmung zur Selbstbestimmung: Das skandinavische Modell der selbststeuernden Gruppen, München

Bihl, G., 1982: Die Bedeutung flexibler Arbeitszeitsysteme – am Beispiel der Teilzeitarbeit, in: Personalführung 8+9/82, S. 186–193

Bihl, G., 1983: Kürzere Arbeitszeiten: Vor- und Nachteile überbetrieblicher und betrieblicher Lösungsansätze aus unternehmerischer Sicht, in: Loccumer Protokolle 21/83, S. 13–29

Bihl, G., 1987: Unternehmen und Wertewandel: Wie lauten die Antworten für die Personalführung?, in: v. Rosenstiel, L., et al. (Hrsg.): Wertewandel als Herausforderung für die Unternehmenspolitik, Stuttgart, S. 53–61

Bihl, G., 1987: Werteorientierte Personalpolitik, in: Personalführung 11+12/87, S. 768–785

Bihl, G., 1989: Zukunftsorientierte Personalarbeit im Zeichen des Wertewandels, in: Ackermann, K.-F., et al. (Hrsg.): Personalmanagement im Wandel, Stuttgart, S. 97–139

Bihl, G., 1990: Personalbeschaffungsstrategien beim Aufbau des BMW Werkes Regensburg, in: Berthel, J., Groenewald, H. (Hrsg.): Handbuch Personal-Management, Landsberg, Teil IV, S. 1–15

Bihl, G., 1991: Anreizaspekte einer werteorientierten Personalpolitik in einem neuen Automobilwerk der BMW AG, in: Schanz, G., Wohland, H. (Hrsg.): Handbuch Anreizsysteme in Wirtschaft und Verwaltung, Stuttgart, S. 933–964

Bihl, G., 1991: Arbeitszeitgestaltung der 90er Jahre am Beispiel BMW Werk Regensburg, in: Maier, W., Fröhlich, W. (Hrsg.): Personalmanagement in der Praxis, Wiesbaden, S. 53–58

Bihl, G., 1992: Personalmanagement – Strategie und Praxis eines Industriebetriebes, in: Arbeitsberichte des Fachbereichs Wirtschaft der Fachhochschule Osnabrück, Bd. 24, S. 41–55

Bihl, G., 1993: Neue Arbeitszeitmodelle unter besonderer Berücksichtigung der betrieblichen Rahmenbedingungen und deren Einfluß auf die Mitarbeiter, in: Dokumentation Nr. 1/93 des Symposiums „Wohlbefinden am Arbeitsplatz" vom 30.11.–2.12.1992 in Luxemburg, S. 30–35

Bihl, G., 1993: Unternehmen und Wertewandel: Wie lauten die Antworten für die Personalführung?, in: v. Rosenstiel, L., et al. (Hrsg.): Wertewandel – Herausforderung für die Unternehmenspolitik in den 90er Jahren, Stuttgart, S. 83–94

Bihl, G., Berghahn, A., Theunert, M., 1990: Arbeitszeitmodell BMW Werk Regensburg, in: Personalführung 11+12/90, S. 768–775 (Teil 1); S. 836–841 (Teil 2)

Bihl, G., Berghahn, A., Theunert, M., 1993: Zukunftsorientierte Arbeitszeitgestaltung am Beispiel BMW Werk Regensburg, in: Marr, R. (Hrsg.): Arbeitszeitmanagement, Berlin, S. 235–254

Bihl, G., Berghahn, A., Theunert, M., 1995: Das Arbeitszeitmodell BMW Werk Regensburg – Strategie und betriebliche Erfahrungen, in: Wagner, D. (Hrsg.): Flexibilisierung und Individualisierung der Arbeitszeit, Göttingen (im Druck)

Bihl, G., Bierig, G., Liebers, G., 1984: Teilzeitarbeit – ein Modell im Rahmen der Diskussion zur Flexibilisierung der Arbeitszeit, in: Müller, H., Grobosch, P. (Hrsg.): Schriftenreihe bfz, Bd. 1, München

Bihl, G., Hehl, G., Wollert, A., 1985: Werteorientierte Personalpolitik und mittleres Management, in: Pullig, K.-K. et al. (Hrsg.): Leistungsträger in der Krise? Die Zukunft des mittleren Managements, Hamburg, S. 193–216

Bihl, G., Schmitt, L., 1989: Praktische Bildungsarbeit in einem neuen Automobilwerk, in: Zeitschrift für Berufs- und Wirtschaftspädagogik 2/89, S. 152–167

Bösenberg, D., 1987: Unternehmen und Wertewandel: Die Auswirkungen auf Produktanforderungen, in: v. Rosenstiel, L. (Hrsg.): Wertewandel als Herausforderung in der Unternehmenspolitik, Stuttgart

Bühner, R., 1994: Personalmanagement, Landsberg

Cloos, H.-J., Glier, K., 1992: Sicherheitsgruppen im Rahmen der Lernstatt, in: Zink, K., Ritter, A. (Hrsg.): Gruppenorientierte Ansätze zur Förderung der Arbeitssicherheit, Berlin, S. 115–125

Deutsche Bank, 1988: Jugendstudie der Deutschen Bank „Jugend und Beruf", Frankfurt/Main

Fend, H., 1969: Sozialisierung und Erziehung, Weinheim

Fürstenberg, F., 1975: Konzeption einer interdisziplinär organisierten Arbeitswissenschaft, Schriften der Kommission für wirtschaftlichen und sozialen Wandel, Bd. 64, Göttingen

Gebert, D., 1978: Organisation und Umwelt, Stuttgart

Göser, L.-L., 1984: Leben stört Lernen – Plädoyer für die Aufwertung von Erfahrung, Frankfurt/Main

Hammer, M., Champy, J., 1994: Business Reengineering, Frankfurt/Main

Heinen, E., 1987: Unternehmenskultur

Herbert, W., 1991: Wertewandel und Anreizattraktivität, in: Schanz, G., Wohland, H. (Hrsg.): Handbuch Anreizsysteme in Wirtschaft und Verwaltung, Stuttgart, S. 55–69

Hill, W., Fehlbaum, R., Ulrich, P., 1974: Organisationslehre I und II, Bern

Hitpaß, J., Trosien, J., 1987: Leistungsbeurteilung in Hochschulabschlußprüfungen innerhalb von drei Jahrzehnten, Schriftenreihe: Studien zu Bildung und Wissenschaft, Bd. 45, Bad Honnef

Höhler, G., 1989: Virtuosen des Abschieds – Neue Werte für eine Welt im Wandel, Düsseldorf

Hohl, E., Knicker, T., 1987: Die Führungskraft als Spielmacher, in: Harvard Manager 3/87

Imai, M., 1992: Kaizen – Der Schlüssel zum Erfolg der Japaner im Wettbewerb, München

Inglehart, R., 1977: The Silent Revolution: Changing values and political styles among western publics, Princeton

Inglehart, R., 1989: Kultureller Umbruch – Wertewandel in der westlichen Welt, Frankfurt/Main

Jugendwerk der deutschen Shell, 1981: Jugendliche und Erwachsene '81, Opladen

Jugendwerk der deutschen Shell, 1985: Jugendliche und Erwachsene '85. Generationen im Vergleich. Freizeit und Jugendkultur, Opladen

Kern, H., Schumann, M., 1970: Industriearbeit und Arbeiterbewußtsein, Teil I und II, Frankfurt/Main

Kern, H., Schumann, M., 1984: Das Ende der Arbeitsteilung? Rationalisierung in der industriellen Produktion, München

Klages, H., 1984: Wertorientierungen im Wandel. Rückblick, Gegenwartsanalyse, Prognosen, Frankfurt/Main

Klages, H., Hippler, H.J., Herbert, W. (Hrsg.), 1992: Werte und Wandel. Ergebnisse und Methoden einer Forschungstradition, Frankfurt/Main

Klages, H., 1993: Wertewandel in Deutschland in den 90er Jahren, in: v. Rosenstiel, L., et al. (Hrsg.): Wertewandel – Herausforderung für die Unternehmenspolitik in den 90er Jahren, Stuttgart, S. 1–15

v. Klipstein, M., Strümpel B., 1985: Gewandelte Werte – Erstarrte Strukturen. Wie die Bürger Wirtschaft und Arbeit erleben, Bonn

Kluckhohn, C., 1951: Values and value-orientation in the theory of action: An exploration in definition and classification, in: Parsons, T., Shils, E. (Hrsg.): Toward a general theory of action, Cambridge/Mass., S. 388–433

Kmieciak, P., 1976: Wertstrukturen und Wertewandel in der Bundesrepublik Deutschland. Grundlagen einer interdisziplinären empirischen Wertforschung mit einer Sekundäranalyse von Umfragedaten, Göttingen

Likert, R., 1972: Neue Ansätze der Unternehmensführung, Bern

Maslow, A.H., 1954: Motivation and personality, New York

Neuberger, O., 1985: Unternehmenskultur und Führung, Augsburg

Noelle-Neumann, E., 1978: Werden wir alle Proletarier?, Zürich

Noelle-Neumann, E., Strümpel, B., 1984: Macht Arbeit krank? Macht Arbeit glücklich?, München

o.V., 1985: BMW Lernstatt, BMW AG (Hrsg.), München

Opaschowski, H.W., 1988: Wie leben wir nach dem Jahr 2000?, Hamburg

Parsons, T., 1976: Zur Theorie sozialer Systeme, Opladen

Pawlowsky, P., 1986: Arbeitseinstellungen im Wandel. Zur theoretischen Grundlage und empirischen Analyse subjektiver Indikatoren der Arbeitswelt, München

Pestalozzi, H.A., 1979: Nach uns die Zukunft, Frankfurt/Main

Peters, T.J., Waterman, R.M., 1982: In Search of Excellence, New York

Prenzel, W., Strümpel, B., 1990: Männlicher Rollenwandel zwischen Partnerschaft und Beruf, in: Zeitschrift für Arbeits- und Organisationspsychologie, 34/90, S. 37–45

Pritchard, R.D., Kleinbeck, U., Schmidt, K.-H., 1993: Das Managementsystem PPM. Durch Mitarbeiterbeteiligung zu höherer Produktivität, München

Rogers, E.M., 1962: Diffusions of innovations, New York

v. Rosenstiel, L., 1984: Wandel der Werte – Zielkonflikte bei Führungskräften?, in: Blum, R., Steiner, M. (Hrsg.): Aktuelle Probleme der Marktwirtschaft in gesamt- und einzelwirtschaftlicher Sicht, Berlin, S. 203–234

v. Rosenstiel, L., 1987: Wandel in der Karrieremotivation – Verfall oder Neuorientierung?, in: v. Rosenstiel, L., et al. (Hrsg.): Wertewandel als Herausforderung für die Unternehmenspolitik, Stuttgart, S. 35–52

v. Rosenstiel, L., 1989: Innovation und Veränderung in Organisationen, in: Roth, E. (Hrsg.): Organisationspsychologie/Enzyklopädie der Psychologie, Bd. 3, Göttingen, S. 652–684

v. Rosenstiel, L., 1989: Kann eine werteorientierte Personalpolitik eine Antwort auf den Wertewandel in der Gesellschaft sein?, in: Marr, R. (Hrsg.): Mitarbeiterorientierte Unternehmenskultur, Berlin, S. 45–73

v. Rosenstiel, L., 1989: Selektions- und Sozialisationseffekte beim Übergang vom Bildungs- ins Beschäftigungssystem: Ergebnisse einer Längsschnittstudie an jungen Akademikern, in: Zeitschrift für Arbeits- und Organisationspsychologie, 33, S. 21–32

v. Rosenstiel, L., 1991: Personalentwicklung und Wertewandel, in: Kastner, M., Gerstenberg, B. (Hrsg.): Personal-Management, München, S. 103–120

v. Rosenstiel, L., 1993: Wandel der Karrieremotivation – Neuorientierung in den 90er Jahren, in: v. Rosenstiel, L., et al. (Hrsg.): Wertewandel. Herausforderung für die Unternehmenspolitik in den 90er Jahren, Stuttgart, S. 47–82

v. Rosenstiel, L., Bögel, R., 1986: Sozialisation in und durch Organisation, in: Sarges, W., Fricke, R. (Hrsg.): Psychologie für die Erwachsenenbildung – Weiterbildung, Göttingen, S. 500–506

v. Rosenstiel, L., Djarrahzadeh, M., Einsiedler, H.E., Streich, R.K. (Hrsg.), 1993: Wertewandel. Herausforderung für die Unternehmenspolitik in den 90er Jahren, Stuttgart

v. Rosenstiel, L., Molt, W., Rüttinger, B., 1988: Organisationspsychologie, 7. Aufl., Stuttgart

v. Rosenstiel, L., Nerdinger, F., Spieß, E., Stengel, M., 1989: Führungsnachwuchs im Unternehmen, München

v. Rosenstiel, L., Stengel, M., 1987: Identifikationskrise? Zum Engagement in betrieblichen Führungspositionen, Bern

Schartner, H., 1989: Aufwärtsbeurteilung bei BMW, in: Riekhoff, H.C. (Hrsg.): Strategien der Personalentwicklung, Wiesbaden, S. 269–282

Schmidtchen, G., 1984: Neue Techniken – neue Arbeitsmoral. Eine sozialpsychologische Untersuchung über Motivation in der Metallindustrie, Köln

Scholz, C., 1993: Personalmanagement, München

Shell-AG (Hrsg.), 1991: Shell-Studie „Jugend 1992", o.O.

Sprenger, R., 1993: Die wahre Krise, in: Manager Magazin 8/93, S. 142–145

Stengel, M., 1991: Wertewandel, in: v. Rosenstiel, L., et al. (Hrsg.): Führung von Mitarbeitern, Stuttgart, S. 556–570

Streich, R.K., 1994: Managerleben. Im Spannungsfeld von Arbeit, Freizeit und Familie, München

Strümpel, B., 1985: Arbeitsmotivation im sozialen Wandel, in: Die Betriebswirtschaft, 45, S. 42–50

Strümpel, B., Dierkes, M., 1993: Innovation und Beharrung in der Arbeitspolitik, Stuttgart

Strümpel, B., Prenzel, W., Scholz, J., Hoff, A., 1988: Teilzeitarbeitende Männer und Hausmänner. Motive und Konsequenzen einer eingeschränkten Erwerbstätigkeit von Männern, Berlin

Volpert, W., 1988: Zauberlehrlinge, München

Wagner, D., Grawert, A., 1993: Sozialleistungsmanagement. Mitarbeitermotivation mit geringem Aufwand, München

Windolf, P., Hohn, H.W., 1984: Arbeitsmarktchancen in der Krise: Betriebliche Rekrutierung und soziale Schließung, Frankfurt/Main

Wollert, A., Bihl, G., 1983: Werteorientierte Personalpolitik – ein Beitrag zur Diskussion des personalpolitischen Gesamtkonzepts der Zukunft, in: Personalführung 8–10/83, S. 154–162 (Teil 1), S. 200–209 (Teil 2)

Womack, J.P., Jones, D.T., Roos, D., 1991: Die zweite Revolution in der Automobilindustrie, Frankfurt/Main

Stichwortverzeichnis

A
A/B/C-Analyse 60, 66 f.
Absicherungsstrategien 129
Akademisierung 6
Akkordlohn 83
Altersstruktur 19
Anforderungen an die Arbeitenden 4
Anforderungsprofil 60, 67
Anreize 35
Anreizsysteme 35
Ansprüche an die Arbeit 24
Arbeit 22
Arbeitsinhalte 100 ff.
Arbeitsmoral 24
Arbeitsplatzbewertung 84
Arbeitssicherheit 127 ff.
Arbeitssituation 62 ff., 68 ff.
Arbeitsstrukturen 100 ff., 105
Arbeitszeit als Leistungsmaß 3, 124
Arbeitszeitmodell München 120
Arbeitszeitmodell Regensburg 107 ff.
Arbeitszeitmodell Wackersdorf 112 ff.
Ärztliche Untersuchung 66
Assessment-Center 32, 59
Aufbauorganisation 96
Aufwärtsbeurteilung 90 ff., 146 ff.
Aufwärtsbeurteilung für Meister 92 ff., 152 ff.
Ausbildungskonzept 125
Ausgleichsschichten 108 f., 120
Ausgleichszeitraum 118 f.
Ausländerfeindlichkeit 95
Ausländerpolitik 93 ff.
Auswertungsbogen 75 f.

B
Bayernmotor 52
Bedürfnisbefriedigung 19
Beeinflussung durch Medien 20
Befragung repräsentativer Querschnitte der Bevölkerung 10
Besitzstreben 46

Betriebsurlaub 109
Betriebszeit 106 ff.
Bewußtsein der ökologischen Bedrohung 4
Bildungsdauer 19
Bildungsinhalte 19
Bildungssystem 6
Bildungszentrum 125
BMW-Szenario 140 ff.
Brotzeitpause 109

D
Defizitwahrnehmung 20
Demokratie 46, 50

E
Effizienzsteigerung 136, 140
Eigentum 46
Einführung 53
Einschicht-Betrieb 107
Einstellung 8
Einstellungspolitik 59
Einzelinterview 61, 74
Elektronisierung von Arbeitsprozessen 3
Emotionalität 33
Engagement 68
Enteignung der Experten 5
Entfaltung 32
Entgeltpolitik 81
Erfolgsbeteiligung 85
Ergebnisorientierung 124 f.
Ergonomische Arbeitsplatzgestaltung 129
Erziehung durch Institutionen 20
ethische Ziele 46, 49, 86

F
Fachkompetenz 144
Familienpolitik 78
Flexibilisierung der Arbeits- und Betriebszeit 106 ff.
Flexibilisierungskomponenten 110
Flexibilität 68

flexible Organisationsformen 39, 103
flexiblere Arbeitszeitmodelle 26
Flop des Monats 129
Fortbildungstage 104, 106
Fragebogen zur Aufwärtsbeurteilung 148
Fragebogen zur Aufwärtsbeurteilung Meister 153
Frauen in qualifizierten Tätigkeiten 2, 78
Frauenförderung 78
freie Meinungsäußerung 46, 50
Freizeitblock 111
Frühwarnsystem 21
Führung 5, 77, 86 ff., 138 f.
Führungsbasics 90
Führungskompetenz 144
Führungskräfteentwicklung 88
Führungskräftepolitik 77
Führungskultur 86, 131
Führungsleitbild 77
Führungstraining 89
Führungsverhalten 46, 49, 138 f.

G
geistige Reorganisation 136
Gemeinschaft 87
Gerechtigkeitsstreben 46, 49
geschlossenes System 1
gesellschaftliche Verantwortung 4
Gesundheitspolitik 128
Gesundheitswesen 128
Glaubwürdigkeit 86
Gleichgewichtsethik 34
gleitender Übergang in den Ruhestand 106
Gleittage 116
Gleitzeit 106, 114 ff., 122
Gleitzeitdefizite 118
Gleitzeitdimensionen 115
Gleitzeitguthaben 117, 119
Gleitzeitrahmen 116
Gleitzeitregelung 107, 114 ff.
Grundgesetz 44
Grundwerte 46
Gruppenarbeit 102, 126, 134
Gruppenarbeit in der Ausbildung 126

Gruppengespräch 61, 102, 126
Gruppensprecher 102, 126

H
Handlungsmaximen 87 f., 129
Hardware 137
Hierarchie 46, 50
historische Einordnung 17

I
Identifikationsprogramm 85
Individualität 32, 46, 49, 106, 125
Individuum 29
Information 52 ff.
Information und Kommunikation 46 f., 50 ff.
Informations-Ecken 57
Informationstag 74
innere Kündigung 40
Innovatoren 18
Integration aller Sicherheitsfunktionen 128
Integration von Sekundärfunktionen 96, 102
internationale Zusammenarbeit 3

K
Kaizen 135
Kennzahlen 57, 103, 132 f.
Kernarbeitszeit 119
Kinderbüro 78, 80
Kollegenbeurteilung 93
Kommunikation 33, 50 ff.
Kommunikationsfähigkeit 68
Kommunikationsprozeß 58
Kompetenzerhöhung 32
Komplexität der Aufgaben 2
Komplexitätssteigerung der Aufgaben 4
Kontinuierlicher Verbesserungsprozeß 101, 103, 134
Kooperation in zeitbegrenzten interdisziplinär zusammengesetzten Teams 2
Kreativität 33

L
längere Freizeitblöcke 122, 124
lean management 134

lean production 134 f.
Leistung 87, 139 f.
Leistung und Gegenleistung 48, 59, 84
Leistungsbereitschaft 39
leistungsbezogener Monatslohn 83
Leistungsfähigkeit 39
Leistungsgesellschaft 21
Leistungslohnsystem 83
Leistungsmöglichkeit 39
Leistungsprinzip 48, 59, 77
Leistungssteigerung 40, 132
Leitfaden für das AT-Mitarbeitergespräch 143
Leitfaden für das Mitarbeitergespräch 82
lernendes Unternehmen 136
Lernstatt 96 f.
Liberalität und Toleranz 46, 49
linking pins 58

M
Macht 46, 86
Markt 1
Maß 87
Materialismus 14
Materialist 14
Mehrfachbeurteiler-System 93
Meisterfunktion 103
Menschlichkeit 46
Mitarbeitergespräch 82, 143 f.
Mitarbeiterinformation 52 ff.
Mitarbeiterorientierung 39
Mobilität 53
Modelle des Wandels 15, 136 ff.
Motivationsprogramm 85
Motivationstheorie 12
Motivziele 8
Münchner Arbeitszeitmodell 120

N
negative Rückkopplungsschleife 21
neue Arbeitsstrukturen 100 ff., 126, 134 f.
neue Gleitzeit 118
neue Qualifikationsstrukturen 104 f.
neue Mitarbeiter 53

O
Objektivationen menschlichen Verhaltens 9
offene Systeme 1
Ökologie 140 ff.
ökologische Bedrohung 4
Organisation 29, 103
Organisationsentwicklung 31
Organisationskultur 96

P
Partner-Teilzeit 106
Pausendurchlauf 109
Personalarbeit 28 ff., 38 f., 51 ff.
Personalauswahlverfahren 59 ff.
Personalbetreuungskonzept 79 ff.
Personalentwicklung 28, 31
Personalmarketing 2
Personalpolitik 28 ff., 37 ff., 131 ff.
Personalsachbearbeiter 81
Personalselektion 2, 28
Pflicht- und Akzeptanzwerte 11, 41
Portfolio 82 f.
Postmaterialismus 14
Postmaterialist 14, 18
Potentialeinschätzung 82
Prinzip von Leistung und Gegenleistung 46, 48 f., 59 ff.
Produktionsunterbrechung 109
Produktivität 38, 137, 140

R
Rahmenarbeitszeit 119
Renaissance der Führung 138 f.
Rettungswesen 128
Risikofreude 88, 130

S
Sabbatical 122
Saisonalisierung von Arbeitszeit 113, 122
Samstag-Spätschicht 107, 109
Schichtmodell 107 ff.
Schichtpläne 106 ff.
Schlüsselqualifikationen 126
Schulungskurse für Nachwuchsmeister 55
Selbständigkeit 46, 49, 106, 125
Selbstbestimmung 32, 50

Selbstentfaltungsmotive 43
Selbstentfaltungswerte 11, 41, 45
Selbstverwirklichung außerhalb der Arbeit 46, 50
Selbstverwirklichung in der Arbeit 46, 49, 96, 100
Sicherheitsstreben 46, 50, 127 ff.
Sinngebung 34
situatives Gruppenverfahren 68
Software 137
sozialer Nutzen der Arbeit 46
Sozialisation 19
Spezialistenwissen 5
Standort Deutschland 134 ff.
Status 46, 50
Streben nach sozialen Kontakten 46, 50
Streetworker 94
Strukturentwicklung 35
Strukturveränderungen 137 f.
Strukturwandel 20
Szenario-Technik 140 ff.

T
Tantieme 81
Teamentwicklung 96
Teamfähigkeit 5, 68, 72
Technikakzeptanz 24
Technikfeindlichkeit 24
Teilzeit 111, 122
Teilzeit-Offensive 123 f.
Teilzeitarbeit 28, 106, 123 f.
temporäre Organisationsformen 103
Toleranz 46, 49, 86
traditioneller Gleitzeitkonflikt 114
Transparenz 52
Trennung von Arbeitszeit und Betriebszeit 106

U
Überkopfarbeit 129
Überstunden 114, 119
Umweltschutz 112, 120, 128, 140
Unternehmenskultur 131
Ursachen des Wandels 19

V
Veränderungsmanagement 136 ff.

Veränderungsprozesse 136 f.
Verfall der bürgerlichen Tugenden 18
Vergangenheitsbewältigung 20
Verhaltensänderungen 137
Verhaltensweisen 10
Verkehrsaufkommen 112, 120
Vermögensbildung 85
Vertrauen 77, 86
Video-Information 53
Vier-Tage-Woche 111, 120 f., 142
Visionen 77
Vorbild 86, 142
Vortragsreihen 89
Vorzugsaktien 85

W
Wahrnehmung von Nebenwirkungen 20
Wandel von Werteorientierungen 1, 4
Wandlungsdynamik 17
Werk Regensburg 51
Werk Wackersdorf 113
Werk-6-Info 53
Werkfeuerwehr 128
Werkschutz 128
Werte 8, 41
Werteerziehung 31
Werteskala 46, 49 f.
Wertespektrum 44 f.
Werteverfall 41
Werteverlust 15
Wertewandel 7, 17, 41
Wettbewerbsdruck 3
wirtschaftliches Wachstum 26
Wirtschaftlichkeit 38, 40
Wohlstandsgesellschaft 21
Würde des Menschen 46, 49

Z
Zeitorientierung 124 f.
Zeitreihe 10
Ziele der Organisationen 30
Ziele der Personalarbeit 38 ff.
Zielsetzung der BMW-Personalpolitik 39
Zweischicht-Betrieb 107, 112